느긋하고 포근해, 우리집 식탁에 프랑스 가정식

프랑스 요리, 프라이팬 하나로

파리에 거주하는 일본인 요리사가 알려드려요.
프라이팬 하나로 참 쉬운 프랑스 요리 만들기

에모조와 지음

pan'n'pen

prologue

**여러분 식탁에 프랑스 요리를 곁들여
즐길 수 있으면 더없이 기쁘겠습니다.**

'프랑스 요리'라고 하면 왠지 고급스러운 이미지가 떠오르지 않나요?
그 이유는 처음 우리에게 알려진 프랑스 요리가 고급 레스토랑에서 맛볼 수 있는 음식이었기 때문입니다. 지금은 비스트로(Bistro)나 브라스리(Brasserie) 같은 형태의 캐주얼한 가게가 많이 생겨 프랑스 요리를 접할 수 있는 기회도 많아졌습니다.
고급 요리도 좋지만, 평소에 쉽게 구할 수 있는 재료를 가지고 다양한 방법으로 요리해 즐기는 것이야말로 프랑스 요리의 참맛을 느낄 수 있는 방법이라고 할 수 있습니다.

그렇다면, 프랑스 요리를 여러분의 손으로 한번 만들어 보면 어떨까요?
어려워 보이나요?
식재료 구하기가 쉽지 않을 것 같은가요?
시간이 많이 걸릴 것 같은가요?

재미있는 사실은 프랑스 사람들도 다른 나라 요리에 대해서 우리와 같은 생각을 하고 있다는 것입니다.
그 이유는 바로 만들어 본 경험이 없기 때문이지요.

이런 이유로, 가정에서도 손쉽게 프랑스 요리를 만들 수 있도록, 누구라도 하나쯤 있으며 늘 곁에 두고 쓰는 프라이팬으로, 구하기 쉬운 식재료를 사용해 간단한 과정으로 만드는 레시피를 생각해 보았습니다.
그리고 조리 과정 하나하나를 사진과 함께 소개하고, 설명을 덧붙였습니다.
책을 따라 실제로 한 번 만들어보면 생각보다 간단하게 집에서도 프랑스 요리를 완성할 수 있음을 경험할 수 있습니다.

지금까지 프랑스 요리를 손수 만들어 본 경험이 없는 독자일수록
꼭 만들어보고 자신의 요리를 맛보며 함께 즐겼으면 하는 바람입니다.
늘 해 먹는 익숙한 가정 요리에 프랑스 요리를 부담 없이 곁들여 즐길 수 있으면 더없이 기쁘겠습니다.

이런 마음을 담아 책을 만들었습니다.
『프랑스 요리, 프라이팬 하나로』의 요리법 중에서 여러분이 자신 있게 만들 수 있는 프랑스 요리를 발견하기를 바랍니다.

파리에서 에모조와

Contents

Viande
고기 요리

프롤로그 002

Column
- 쓰기 좋은 프라이팬에 대해서 061
- 양파 썰기의 기본 121
- 가정에서 프랑스 요리를 맛있게 만들려면 137

Index
- 요리 이름으로 찾아보기 138
- 재료로 찾아보기 139
- 책 속의 용어 정리 143

닭고기 크림 스튜 014
Fricassée de Poulet

닭고기 갈랑틴 018
Galantine de poulet

닭가슴살 에튀베 022
Blanc de poulet à l'étuvée

홀그레인 머스터드 소스의 닭다리살 구이 024
Cuisse de poulet sauce moutarde à l'ancienne

돼지 등심 샤퀴티에르 026
Côte de porc charcutière

돼지 삼겹살 브레제 030
Poitrine de porc braisée

시드르를 넣은 돼지고기 소테 032
Sauté de porc au cidre

양파 레드 와인 소스의 쇠고기 스테이크 036
Bavette à l'oignon sauce vin rouge

 Partie 2

Poisson
해산물 요리

| 로스트 비프 | 040 |
| *Rôti de boeuf avec son jus* | |

쇠고기 포레스티에 ——————— 045
Boeuf forestier

양고기 타진 ——————————— 048
Tajine d'agneau

프로방스 스타일의 도미찜 ——————— 052
Daurade à la provençale

바닷가재 테르미도르 ———————— 056
Homard thermidor

　　• 바닷가재 집게다리살 발라내는 법 ——— 060

비에르주 소스의 농어 구이 ——————— 062
Bar poêlé sauce vierge

연어 블랑케트 ——————————— 064
Blanquette de saumon

오렌지 향의 관자 구이 ————————— 068
Saint-Jacques poêlées à l'orange

고등어 에스카베슈 —————————— 070
Maquereau en escabèche

Entrée, Salade
전채 요리, 샐러드

Menu à la carte
일품 요리

카나페 - 타프나드 *Tapenade*	077
카나페 - 가지로 만든 캐비아 *Caviar d'aubergine*	078
카나페 - 홈메이드 프레시 치즈 *Frarmage tartare maison*	080
버섯 마리네 *Champignons marinés*	082
당근 라페 *Carottes râpées*	084
렌즈콩 샐러드 *Salade de lentilles*	086
쿠스쿠스 샐러드 *Salade de taboulé*	088
카르파초 샐러드 *Carpaccio de poisson*	090
홈메이드 프렌치 드레싱 *Vinaigrette française*	092

어니언 수프 *Soupe à l'oignon gratinée*	096
다진 고기와 감자 그라탱 *Hachis Parmentier*	100
화이트 소스의 배추 햄 그라탱 *Chou chinois au jambon*	104
메밀 갈레트 *Galette bretonne complète*	108
크로크 무슈 *Croque-monsieur*	111
짭짤한 감자 팬케이크 *Pancakes salés de pommes de terre*	114
닭고기 아보카도 타르틴 *Tartines poulet-avocat au curry*	116
과일을 곁들인 프렌치 토스트 *Pain perdu*	119

Partie 5

Dessert
디저트

초콜릿 무스 — 124
Mousse au chocolat

캐러멜 바나나 플랑베 — 126
Banane flambée au caramel

망디안 — 128
Mendiants au chocolat

뷔슈 드 노엘 — 132
Bûche de Noël

일러둡니다

저자가 이 책의 레시피를 만들 때
- 계량 단위는 1작은술=1t=5㎖, 1큰술=1T=15㎖ 입니다.
- 오븐 토스터는 1000W를 사용했습니다.
- 소금의 양은 용량이 표시되어 있는 것과 없는 것이 있습니다. 정확한 양을 사용해야 제 맛이 날 때는 분량을 표기하였고, 입맛에 맞춰 조절해도 될 때에는 따로 분량 표기를 하지 않았습니다.

팬앤펜이 이 책을 옮길 때
- 프랑스어가 나올 때에는 발음에 가깝게 표기하고자 했습니다.
- 우리에게 낯선 단어나 문화적 내용이 나올 때에는 해당 페이지에 주석을 달아 두었습니다.
- 주요한 단어나, 낯선 요리 용어는 프랑스어(영어)를 함께 표기해 두었습니다.
- 모든 요리 이름은 프랑스어를 함께 표기했습니다. 같이 즐겨보세요!

**산뜻하고 우아한 브런치
혹은 늦은 오후에 시작하는 가벼운 저녁**

산뜻하게 즐기는 비에르주 소스의 농어구이(62쪽)
먹어도 먹어도 질리지 않는 당근 라페(84쪽)
풍미로 가득 채운 어니언 수프(96쪽)

**가족, 친구들과 함께 보내는
소박하고도 따뜻한 크리스마스 준비하기**

겨울 디너 테이블에 빠질 수 없는 로트스 비프(40쪽)
입맛을 돋우는 카르파초 샐러드(90쪽)
프랑스 정통 케이크 뷔슈 드 노엘(132쪽)

Partie 1

Viande
고기 요리

프랑스의 정육점에서는 고기를 스테이크용, 스튜용, 로스트용, 다진 고기로 구분해 판매하고 있습니다. 다진 고기는 쇠고기나 송아지 고기뿐이고, 다진 돼지고기는 없습니다. 또, 슬라이스한 고기도 취급하지 않는데, 그 이유는 얇게 썬 고기를 채소와 함께 볶아서 먹는 관습이 없기 때문입니다. 반면 취급하는 고기 종류는 소, 송아지, 새끼 양, 돼지, 닭, 오리, 메추라기, 뿔닭, 칠면조, 토끼 등으로 아주 다양합니다. 정육점 천장에는 생햄 덩어리나 살라미(Salami)가 매달려 있거나, 시기에 따라서는 사냥으로 잡은, 털도 뽑지 않은 동물이 진열되어 있기도 합니다. 또, 정육점 앞에 큰 로티세리 기계를 놓고 로스트 치킨을 굽습니다. 프랑스에서는 로스트 치킨을 일상적으로 먹고, 크리스마스 시즌부터 연말까지는 집에서도 로스트 치킨과 푸아그라 요리를 만들어 먹곤 합니다.

프랑스 가정에서 만드는 육류요리는 아주 단순해서, 프라이팬에 고기를 굽고 채소를 곁들이는 것이 대부분입니다. 정육점에서는 오븐에 넣고 굽기만 하면 요리를 완성할 수 있게 가공한 고기를 많이 판매하기 때문에, 채소나 감자와 함께 오븐에 넣고 익히면 쉽게 음식을 만들 수 있죠.

프랑스 가정은 맞벌이 부부가 많아서 평일에는 만드는 데 많은 시간이 필요한 요리는 하지 않는 편입니다. 하지만 휴일이면 손이 조금 더 가더라도 요리를 제대로 만들어 즐기는 집이 많습니다.

Fricassée de Poulet

닭고기 크림 스튜

재료(2인분)

- 닭다리살(뼈가 붙어 있는 것) 4조각
  양파 1개
  마늘 1쪽
  양송이버섯 10개

- • 박력분 1.5큰술
  화이트 와인 150㎖
  물 150㎖
  생크림 200㎖
  레몬즙 1큰술

- • • 차이브(또는 산파) 약간
  파스타(페투치네 등) 적당량
  소금, 후추, 식용유

프랑스의 대표적인 가정 요리인 닭고기 크림 스튜 레시피입니다. 프랑스어로는 '프리카세 드 풀레'라고 부릅니다. 프리카세는 하얗게 완성한 요리를 말하는데, 크림을 넣지 않아도 프리카세라고 부르는 경우가 있습니다. 닭고기의 색이 진해지지 않게 구워 소스의 하얀색을 살려 만드는 것이 일반적이지만, 제 취향은 닭고기를 충분히 구워 향을 내는 쪽이 더 맛있는 것 같습니다.
이 요리를 만들 때 채소는 어떤 것을 넣어도 좋습니다. 가정에서 흔히 먹는 당근, 배추, 감자 등을 넣으면 잘 어울립니다. 이 요리에 버터 라이스를 곁들여 먹어도 맛있습니다.

1 양파는 깍둑썰기하고, 양송이버섯은 반으로 자른다. 마늘은 다진다.

2 닭고기는 먹기 좋게 잘라 소금, 후추를 뿌려 밑간 한다. 프라이팬에 넣고 구워 구수한 향이 나고, 노릇하게 색이 나면 꺼낸다.

point
- 닭고기에 밑간을 하는 것이 요리가 맛있어지는 중요한 포인트입니다. 마지막에 소스를 마무리할 때 소금, 후추를 넣는 것만으로는 닭고기와 채소에 간이 배지 않습니다.

- 닭고기를 충분히 구워 노릇하게 색을 내 주세요. 이 과정이 소스에 향과 감칠맛을 내는 기본이 됩니다.

3 ②의 팬에 마늘, 양파, 양송이버섯을 순서대로 넣어 볶는다.

4 박력분을 흩뿌리듯 넣고 타지 않게 볶는다.

5 ②에서 구워 둔 닭고기를 넣는다.

6 화이트 와인을 넣어 알코올을 날린 후, 물을 붓고 소금 ½작은술을 넣는다.

7 뚜껑을 덮어 약불에서 20분 정도 끓인다.

point
- 다 끓인 후 소스를 만듭니다. 수분이 부족할 것 같으면, 물을 조금 넣어 농도를 조절해 주세요.

닭고기 크림 스튜

8 닭고기가 익으면 생크림을 넣고 걸쭉해질 때까지 가볍게 끓인다.

9 간을 보고 소금, 후추를 넣고 레몬즙을 넣어 마무리한다.

10 그릇에 담아 삶은 페투치네를 곁들이고 3cm 정도 길이로 자른 차이브를 뿌린다.

● **카레, 스튜를 더 맛있게**

가정에서 카레나 스튜를 만들 때 완전히 끓기 전에는 소금을 넣지 않지요. 게다가 시판 카레가루 같은 인스턴트 제품에는 이미 소금이 충분히 들어 있기 때문일 겁니다. 그래서 갓 만든 카레나 스튜에 든 고기와 채소는 속까지 간이 충분히 배지 않아 맛이 덜합니다. 이것이 바로 카레나 스튜는 만든 다음날 먹어야 더 맛있다고 하는 이유입니다.

닭고기 갈랑틴

02

Galantine de poulet

닭고기 갈랑틴

재료(4인분)

- 다진 고기(닭, 돼지, 송아지 등) 130g
  달걀 ½개
  피스타치오 20g
  닭다리살 2장
  소금, 후추

•• **발사믹 소스**
  발사믹 식초 100㎖
  소금 한 자밤

갈랑틴은 닭, 돼지, 송아지, 토끼 등의 고기에서 뼈를 발라내고, 고기 속에 파르스(Farce, 다진 고기에 향신료 등을 넣어 맛을 낸 것)를 채워 넣고 찌거나 삶는 방법으로 익혀 만드는 요리입니다.

프랑스의 정육점이나 슈퍼마켓에서는 다진 닭고기나 다진 돼지고기를 팔지 않기 때문에 이 레시피에서는 다진 송아지 고기를 파르스로 사용했습니다.

샐러드와 함께 전채요리로 만들어도 되고, 겉면을 굽거나 따뜻하게 데워 메인 요리로 내도 좋으며, 아이들의 도시락 반찬으로 준비해도 좋습니다.

일본의 서양식 오세치 요리(정월에 먹는 일본의 명절요리)에 꽤 자주 등장하는 메뉴가 이 갈랑틴입니다.

1 다진 고기에 소금 1.5g과 후추를 뿌려 밑간하고, 찰기가 생길 때까지 잘 섞는다.

2 달걀을 넣고 섞는다.

3 피스타치오를 넣고 섞는다.

point
- 피스타치오 대신 다른 견과류나 채소 등을 넣어도 좋습니다.
- 올스파이스(allspice)가 있으면 약간 넣어서 더 풍미가 좋은 요리를 완성할 수 있습니다.

4 칼로 닭고기의 힘줄을 자르고 가능한 한 평평하게 손질한다.

5 ④의 닭고기에 소금, 후추를 뿌려 밑간 한다.

6 알루미늄 포일을 2장 겹쳐 깔고 그 위에 ⑤의 닭고기를 올린다. 닭고기 위에 ③의 다진 고기의 절반 분량을 막대 모양으로 올린다.

7 닭고기로 다진 고기를 말아 감싼다.

닭고기 갈랑틴

8 알루미늄 포일의 양 끝을 비틀어 고정시킨다. 같은 방법으로 하나 더 만든다.

9 프라이팬에 물을 넣고 끓어오르면 ⑧의 갈랑틴을 넣고 뚜껑을 덮어 20분 정도 익힌다.

point • 물의 양은 갈랑틴 높이의 반 정도입니다.

10 물에서 건져 한 김 식힌다.

11 식으면 호일을 벗기고 먹기 좋은 두께로 썬다.

12 그릇에 담고 발사믹 소스를 곁들인다.

point • 상온으로 먹어도, 차갑게 식혀 먹어도, 프라이팬에 구워서 데워 먹어도 맛있습니다.

발사믹 소스 만드는 법

발사믹 식초에 소금을 넣고 처음의 절반 분량이 될 때까지 졸인다.

• 발사믹 식초는 단맛, 감칠맛, 신맛의 균형이 좋아서 졸이는 것만으로도 훌륭한 소스가 됩니다.

Blanc de poulet à l'étuvée
닭가슴살 에튀베

'에튀베(Étuver)'는 재료에 아주 적은 양의 수분을 첨가하거나, 재료 자체의 수분을 사용해 찌듯이 익히는 조리법을 말합니다. 닭가슴살과 채소를 섞어 찌듯이 익히면, 닭고기의 감칠맛이 채소의 맛을 한층 더 좋게 합니다.
또, 스파이스 믹스를 넣으면 풍미가 더해져 깊고 풍성한 맛의 변화를 즐길 수 있습니다. 간단함과 단순함이 단연 돋보이는 추천 요리입니다.

닭가슴살 에튀베

재료(2인분)

- 닭가슴살 2장
  콜리플라워 200g
  버섯(표고버섯, 양송이버섯 등) 150g

- 화이트 와인 50㎖
  버터 20g
  소금, 후추

1 그릇에 콜리플라워, 버섯, 소금 ½작은술, 후추를 넣고 골고루 잘 섞는다.

2 닭고기에 소금, 후추를 뿌려 밑간 한 후, 프라이팬에 넣고 가볍게 노릇한 색이 날 때까지 굽는다.

point
- 닭고기 속까지 익히지 않아도 됩니다.

3 ②의 닭고기에 ①을 넣고, 화이트 와인, 버터를 넣는다.

4 뚜껑을 덮어 가볍게 끓이면서 5분 정도 익힌다.

5 닭고기를 먹기 좋은 크기로 썰어 콜리플라워, 버섯과 함께 그릇에 담고 베이비 채소 등이 있으면 곁들인다.

에튀베와 브레제

에튀베(Étuver)와 같은 찌는 조리법으로 브레제(Braiser, 영어의 브레이징braising, 30쪽 참조)가 있습니다. 에튀베는 채소 등의 수분, 또는 적은 양의 수분을 가지고 찌듯이 익히는 방법이고, 브레제는 삶는 것보다는 적은 양의 수분으로 익히는 방법입니다.

Cuisse de poulet
sauce moutarde à l'ancienne
홀그레인 머스터드 소스의 닭다리살 구이

닭고기를 구운 프라이팬에 소스를 만듭니다. 닭고기를 굽는 동안 프라이팬에 육즙이 흘러 나오는데, 그 육즙을 끓여 녹여서 소스로 만드는 것입니다. 육수를 따로 준비하지 않아도 충분히 감칠맛 나는 소스를 간단하게 만들 수 있습니다.

홀그레인 머스터드 소스의 닭다리살 구이

재료(2인분)

- 닭다리살 2장
  화이트 와인 또는 물 100㎖
  홀그레인 머스터드 1작은술

- 베이비 채소, 베이비 당근 같은
  장식용 채소 적당량
  소금, 후추, 식용유

1 닭고기는 힘줄을 자르고 소금, 후추를 뿌려 밑간 한다. 프라이팬에 식용유를 두르고 달구어 닭고기를 넣고 껍질 쪽부터 굽는다.

2 중불에서 천천히 구워 껍질 부분에 노릇하게 색을 낸다.

3 껍질 반대쪽까지 조금씩 익어 붉은 살이 하얗게 변하기 시작하면 뒤집어서 닭고기 속이 익을 때까지 구워 접시에 옮겨 담는다.

4 키친타월로 프라이팬에 남아 있는 기름을 닦는다.

point 기름은 반드시 깨끗하게 닦아 내도록 합니다. 기름이 남아 있으면 소스를 끓이려고 수분을 넣을 때 튈 수도 있어 위험합니다.

5 화이트 와인 또는 물을 부어, 프라이팬에 닭고기를 굽고 남아 있는 구운 자국(육즙)을 끓여서 녹인다.

point 프라이팬에 액체를 부어 놓은 것(쉭Suc)을 끓여서 녹이는 과정을 데글라세(29쪽)라고 합니다.

6 홀그레인 머스터드를 넣고 살짝 졸인다.

point 너무 많이 졸였을 경우에는 물을 넣어 조절합니다.

7 접시에 옮겨 담은 닭고기에서 나온 육즙을 ⑥의 프라이팬에 넣고 섞어 소스를 완성한다.

8 닭고기, 소스, 장식용 채소를 접시에 보기 좋게 담는다.

돼지 등심 샤퀴티에르

Côte de porc charcutière

돼지 등심 샤퀴티에르

재료(2인분)

- 돼지고기 등심 슬라이스 2장
  양파(큰 것) ½개

- 버터 15g
  박력분 1작은술
  화이트 와인 100㎖
  물 100㎖
  코니숑 4개(약25g)
  디종 머스터드 적당량

- 구운 방울토마토 적당량
  소금, 후추, 식용유

샤퀴티에르(Charcutière)는 프랑스어로 돼지고기 가공품을 판매하는 가게라는 뜻입니다. 돼지고기로 만든 생햄, 살라미, 파테 등 여러 종류의 제품을 파는 가게이지요.

돼지 등심 샤퀴티에르는 코니숑(Cornichon) 이라는 작은 오이 피클과 디종 머스터드를 넣고 만들어 산미가 있는 소스와 함께 냅니다.

이 레시피에서는 구운 토마토를 곁들였지만, 소스를 만들 때 토마토를 넣어도 좋습니다.

- **코니숑** 인도가 원산지인 작은 오이로 만든 피클을 말하며, 식초에 허브나 향신료 등을 첨가한 조미액에 담가 절여서 만든다.

- **디종 머스터드** 와인으로 유명한 프랑스 부르고뉴의 디종 지방에서 전통적인 제법으로 만드는 페이스트 형태의 머스터드이다. 브라운 머스터드(흑겨자)의 씨만 사용하거나, 기름을 제거하지 않은 황겨자의 씨를 분쇄해 거른 것에 식초와 소금을 넣어서 만든다.

1 양파를 가로로 반 잘라 얇게 썬다.

2 프라이팬에 버터를 넣고 녹인 다음 양파를 천천히 볶는다.

3 중불에서 양파가 조금씩 눋기 시작하면 물(분량 외)을 약간 넣어 효율적으로 캐러멜화 한다.

4 박력분을 넣고 양파와 섞는다.

5 화이트 와인을 넣고 섞으면서 한 번 끓인다.

6 분량의 물을 넣고 조린다.

7 디종 머스터드와 얇게 자른 코니숑을 넣고 섞은 다음 불을 끈다.

8 돼지고기에 소금, 후추를 뿌려 밑간 한다. 다른 프라이팬에 식용유를 두르고 달구어 돼지고기를 넣어 굽는다. 이 때 완성하여 그릇에 담았을 때 윗부분이 되는 면이 팬에 먼저 닿도록 놓고 굽는다.

돼지 등심 샤퀴티에르

9 뒤집어 양면이 모두 먹음직하게,
   노릇노릇 색이 나도록 구워 접시에
   옮겨 담는다.

10 프라이팬에 육즙과 기름이
    섞여있는 상태이므로 불을 켠
    채로 잠깐 가열해 쉭(Suc)을
    만든다.

point
• 가열하면 수분이 날아가고 육즙은
  프라이팬에 달라붙어 있어 기름을
  쉽게 제거할 수 있다.

11 팬에 남아 있는 기름을 버리고
    키친타월로 닦는다.

12 물(분량 외)을 약간 넣고 쉭을
    데글라세해 ⑦의 소스에 넣는다.

13 접시에 옮겨 담은 돼지고기에서
    나온 육즙도 ⑦의 소스에 넣는다.
    간을 보고 필요하면 소금을 넣는다.
    소스가 식었으면 살짝 데운다.

14 돼지고기와 소스를 그릇에 담고
    구운 방울토마토를 곁들인다.

tip

캐러멜화 보통 캐러멜라이징(Caramelizing), 캐러멜리제(Caraméliser) 등으로도 표현한다. 식재료를 충분히 가열해 구수한 향과 옅은 갈색(캐러멜색)을 내는 것을 말한다.

쉭과 데글라세 무쇠나 스테인리스 프라이팬, 스킬렛에 고기를 구우면, 굽는 동안 프라이팬에 육즙이 떨어져, 갈색의 눌은 자국이 되어 남습니다. 이 눌은 것을 '쉭(Suc)'이라고 부르는 데 감칠맛의 근원입니다.
프라이팬에 액체를 붓고 쉭을 끓여 녹이는 것을 '데글라세(Déglacer)'라고 합니다.
쉭을 데글라세하여 소스를 만드는 조리방법은 프랑스 요리의 기초입니다.

Poitrine de porc braisée
돼지 삼겹살 브레제

브레제(Braiser, 영어로 braising)는 뭉근히 끓이는 조리법을 말합니다. 삶는 것보다는 적은 양의 수분으로 끓입니다. 이 레시피는 프랑스 요리의 기초가 응축된 것입니다. 조미료는 소금뿐인 지극히 심플한 음식임에도 불구하고, 맛을 보면 어떻게 이렇게까지 맛있을 수 있을까 하고 깜짝 놀라게 됩니다. 포인트는 고기를 충분히 구워 노릇노릇하게 색을 내는 것! 이렇게 잘 구운 부분이 요리의 향 그리고 맛이 됩니다.

돼지 삼겹살 브레제

재료(4인분)

- 돼지고기 덩어리 삼겹살 800g
  소금 1.5작은술

•• 마늘 2쪽
  양파 2개
  베이비 당근 4개

••• 화이트 와인 100㎖
  물 200㎖
  월계수 잎 1장

1 돼지고기의 비계 부분에 얇은 칼집을 촘촘하게 내고 소금을 골고루 뿌려 30분 정도 둔다. 양파는 채 썰고 마늘은 칼 면으로 눌러 으깬다. 당근은 껍질을 벗긴다.

2 프라이팬에 돼지고기의 비계 부분이 아래로 가게 먼저 놓고 고기 전체에 노릇노릇한 색이 돌도록 충분히, 골고루 구워 접시에 옮겨 담는다.

3 ②의 프라이팬에 채 썬 양파와 으깬 마늘을 넣는다.

4 양파가 약간 갈색이 날 때까지 천천히 볶는다.

5 화이트 와인, 물, 껍질 벗긴 베이비 당근, 월계수 잎을 넣고 돼지고기를 넣는다.

6 뚜껑을 덮어 아주 가볍게 끓는 상태를 유지하며 1시간 반에서 2시간 동안 끓인다.

point • 허브 중에 타임이 있으면 넣어서 향이 더욱 좋은 요리를 완성해보세요.

7 완성.

Sauté de porc au cidre

시드르를 넣은 돼지고기 소테

재료(한 번에 만들기 쉬운 분량)

- 돼지고기 덩어리 목살 300g
  양파 150g
  마늘 1쪽

- 박력분 1큰술
  쌉쌀한 맛 시드르(hard cidre) 250㎖
  닭육수 큐브 5g

- 쇼트 파스타(펜네, 푸질리 등) 적당량
  이탈리안 파슬리 적당량
  소금, 후추, 식용유

시드르(Cidre)는 사과로 만든 약발포성의 새콤달콤한 맛이 나는 술입니다. 돼지고기는 새콤달콤하게 맛을 내는 것이 어울리기 때문에 시드르와의 궁합이 아주 좋습니다.

시드르는 단맛이 나는 것과 쌉쌀한 맛이 나는 것이 있는데, 이 레시피에는 쌉쌀한 맛이 나는 종류를 추천합니다. 시드르가 없다면 화이트 와인을 사용해도 좋습니다.

1 돼지고기는 먹기 좋은 크기로 썰어 소금, 후추로 밑간 한다.

2 양파는 채 썰고 마늘은 편 썬다.

3 프라이팬에 식용유를 두르고 달구어 돼지고기를 넣고 굽는다.

4 자주 뒤섞지 않고 노릇노릇하게 색이 날 때까지 충분히 굽는다.

5 양파와 마늘을 넣고 볶는다.

6 불을 끄고 박력분을 흩뿌리듯 넣는다.

7 전체를 골고루 잘 섞는다.

8 시드르를 넣고 불을 켜서 끓인다.

9 닭육수 큐브를 부수어 넣고 한소끔 끓인다.

시드르를 넣은 돼지고기 소테

10 뚜껑을 덮어 중불에서 5분 정도 끓인다.

11 뚜껑을 열어 살짝 조리면 완성.

12 그릇에 담고 기호에 따라 쇼트 파스타를 곁들인다. 마지막에 다진 파슬리를 뿌려 장식한다.

시드르
프랑스 북부 노르망디 지방의 술로 포도 대신 사과를 발효하여 만듭니다. 돼지고기 외에도 트리프(Tripe 내장), 닭고기, 고등어 등과 함께 요리해도 잘 어울립니다. 미세한 거품이 나는 약발포성 술로 마시기 좋아서, 요리에 사용하고 남은 시드르는 식사에 곁들여 함께 즐겨도 좋습니다!

Bavette à l'oignon sauce vin rouge

양파 레드 와인 소스의 쇠고기 스테이크

재료(2인분)

- 스테이크용 쇠고기 150g 2장

•• 양파 200g
　버터 20g
　레드 와인 150㎖
　식용유 1큰술

••• 감자 튀김(또는 좋아하는 채소) 적당량
　다진 파슬리 적당량
　소금

비스트로에서 판매하는 단골 쇠고기 요리 중 하나인 '바베트 에샬로트'. 바베트(Bavette)는 안창살에 가까운 부위로, 가격은 싸지만 맛이 좋습니다. 보통 에샬로트(Échalote, 영어로 shallot)로 만든 소스를 곁들이지만, 이 레시피에서는 에샬로트가 아닌, 어디서나 구할 수 있는 양파를 사용해 쉽게 만들 수 있도록 했습니다. 양파를 잘 볶아 단맛을 끌어낸 소스를 스테이크에 곁들여 보세요.

1 양파를 길이로 반 잘라 채 썬다.

2 프라이팬에 버터 10g을 넣어 녹인 다음 양파를 넣고 중약불에서 볶는다.

3 소금을 뿌리고, 양파가 숨이 죽어 부드러워질 때까지 다시 볶는다.

4 천천히 색이 날 때까지 볶는다.

5 양파가 눌어 붙으려고 하면 물(분량 외)을 조금씩 넣어 가며 반투명한 갈색이 될 때까지 잘 볶는다.

6 레드 와인을 넣는다.

7 수분이 없어질 때까지 잘 조린다.

8 불을 끄고 버터 10g을 넣어 녹인 다음 소금을 뿌려 간을 맞춘다.

9 쇠고기에 소금을 뿌려 밑간 한다.

양파 레드 와인 소스의 쇠고기 스테이크

10 다른 프라이팬에 식용유를 두르고 센 불에서 달구어 쇠고기를 넣고 색이 나도록 굽는다.

11 한쪽 면에 익은 색이 충분히 돌면 뒤집는다.

12 프라이팬의 벽면 등을 사용해 쇠고기 전체에 골고루 색이 나도록 굽는다.

13
그릇에 스테이크를 담고 ⑧의 소스를 올린다. 감자 튀김이나 좋아하는 채소를 곁들여 담고 파슬리를 뿌린다.

Rôti de boeuf avec son jus

로스트 비프

재료(4인분)

- 쇠고기 덩어리살(다리살(설도), 치마살, 안심 등) 500g
  양파 1개
  당근 1개
  편 썬 마늘 1쪽
  물 300㎖

- 구운 감자(또는 좋아하는 채소), 로즈메리 등 적당량
  소금, 후추, 식용유

- **뵈르 마니에**
  녹인 버터 20g
  박력분 2작은술

프라이팬 하나로 만들 수 있는 로스트 비프입니다.
채소와 육즙만으로 제대로 된 맛있는 소스를 만들 수 있습니다.
고기를 구울 때 조리용 온도계가 있으면 더 완벽하게 완성할 수 있습니다.
완성한 고기 속 온도는 레어가 54℃, 미디엄 레어가 57℃, 미디엄은 60℃입니다.
크리스마스나 새해처럼 특별한 때에 손님 맞이 요리로 요긴한 메뉴입니다.

- **뵈르 마니에**(Beurre manié)는 녹이거나 부드럽게 푼 버터와 밀가루를 섞은 것으로 소스 등에 농도를 낼 때 사용한다.

1 쇠고기는 상온에 3시간 정도 둔다.

- 고기가 마르지 않도록 랩 등으로 덮어두면 좋습니다.
- 덩어리 고기는 상온에 일정 시간 두었다가 구우면 빨리 익고, 고운 핑크색이 나는 고기로 쉽게 완성할 수 있습니다.

2 양파는 채 썰고, 당근은 반 갈라 얇게 썬다.

3 쇠고기에 소금 4g(고기 무게의 0.8%)과 후추를 약간 뿌려 밑간 한다.

4 프라이팬에 식용유를 두르고 달구어 쇠고기를 넣고 여러 면 전체에 색이 나도록 굽는다.

5 고기의 겉이 익어 단단해지면 접시에 옮겨 담는다.

6 고기를 구운 팬에 마늘, 양파, 당근을 넣고 볶는다. 식용유가 부족하면 조금 더 넣고 갈색이 돌 때까지 충분히 볶는다.

- 이 과정이 소스의 색과 향에 영향을 미치므로 충분히 볶아주세요.

7 ⑥의 채소 위에 구운 쇠고기를 올리고 불을 끈다. 뚜껑을 덮어 10분 동안 그대로 둔다.

8 쇠고기를 뒤집고 뚜껑을 덮어 다시 10분 동안 둔다.

9 합쳐서 20분이 지나면 뚜껑을 덮은 채로 불을 켠다. 흘러나온 육즙이 끓으면 불을 끄고 뚜껑을 덮어 다시 10분 동안 그대로 둔다.

10 프라이팬에서 쇠고기를 꺼내 알루미늄 포일로 감싸 상온에 잠시 둔다.

point
- 뚜껑을 덮어 뜸을 들이는 시간은 ⑦~⑨의 과정 모두 합하여 30분입니다. 이 상태에서 알루미늄 포일로 감싸 두면 미디엄 굽기로 완성할 수 있습니다. 레어로 완성하고 싶으면 팬에서 뚜껑을 덮어 뜸 들이는 시간을 20분으로 끝내고 알루미늄 포일로 감싸 둡니다.
- 고기 속 온도를 재어 볼 수 있다면 원하는 완성 상태의 온도보다 2~3℃ 낮은 온도가 되었을 때 프라이팬에서 꺼내 알루미늄 포일로 감싸 둡니다. 이렇게 하면 여열로 온도가 올라가 알맞은 상태의 굽기로 완성할 수 있습니다.

11 프라이팬에 물을 붓고 한소끔 끓여 절반 분량이 될 때까지 조린다.

12 체에 내려 건더기는 걸러 내고 남은 국물을 프라이팬에 다시 넣는다.

13 녹인 버터에 박력분을 넣고 섞어 뵈르 마니에를 만든다.

14 뵈르 마니에의 절반 분량을 팬에 넣고 섞으면서 끓여 걸쭉하게 만든다. 조금 더 걸쭉한 농도를 원하면 뵈르 마니에를 더 넣고 농도를 조절한다.

로스트 비프

15 소금, 후추를 뿌려 간을 맞춰 소스를 완성한다.

16 쇠고기를 휴지 시킬 때 흘러 나온 육즙을 완성한 소스에 넣고 섞는다.

17 쇠고기가 식으면 얇게 썬다.

- 다리살처럼 단단한 부위를 사용한 경우에는 가능한 한 얇게 써는 것이 포인트입니다.

point

18 쇠고기와 함께 구운 감자 등 좋아하는 채소를 보기 좋게 담고 로즈메리를 올려 장식한다. 소스를 곁들여 낸다.

Boeuf forestier
쇠고기 포레스티에

포레스티에(Forestier)는 숲에서 채취한 나물이나 열매, 특히 버섯을 사용해 만든 요리를 말합니다. 얇게 썬 쇠고기를 사용하면 끓이는 시간이 짧아져서 쉽게 만들 수 있습니다. 밥을 곁들여 먹어도 아주 맛있습니다.

재료(4인분)

- 쇠고기(구이나 볶음용) 300g
  버섯(양송이버섯, 만가닥버섯 등 좋아하는 종류) 150g
  양파 1개
  마늘 1쪽

- • 박력분 2큰술
  닭육수(또는 비프 콩소메) 300㎖
  생크림 150㎖

- ••• 밥 적당량
  다진 파슬리 약간
  소금, 후추, 식용유

1 쇠고기는 덩어리일 경우 얇게 썬다. 스테이크용을 사용해도 좋다.

point • 등심처럼 구워서 바로 먹을 수 있는 부드러운 부위가 적합합니다.

2 양파는 채 썰고 마늘은 편 썬다. 버섯은 밑동을 자른 후 지저분한 부분을 닦아내고 먹기 좋은 크기로 썰거나 찢는다.

3 프라이팬에 식용유를 두르고 달구어 쇠고기를 넣어 굽는다.

4 쇠고기가 익어 색이 나면 양파와 마늘을 넣는다.

5 소금, 후추를 뿌리고 볶는다. 박력분을 넣고 전체를 잘 섞으면서 익힌다.

6 닭육수를 넣고 끓으면 버섯과 생크림을 넣고 한소끔 끓인다.

쇠고기 포레스티에

7 맛을 보고 소금을 넣어 간을 맞추고 뚜껑을 덮어 약불에서 10분 정도 끓인다.

8 그릇에 담고 밥을 곁들인다. 파슬리를 뿌린다.

Tajine d'agneau
양고기 타진

프랑스에는 북아프리카에서 건너 온 이민자가 많아 쿠스쿠스나 타진 등을 먹을 수 있는 레스토랑도 많습니다.
원래는 끝이 뾰족한 원추형의 모자처럼 생긴 토기 냄비인 타진(Tajine)에 양고기와 채소, 향신료와 함께 넣고 적은 양의 물로 뭉근히 끓인 가정요리입니다. 이 요리를 타진 없이 프라이팬으로 손쉽게 만들 수 있습니다.
양고기는 특유의 냄새가 있어 호불호가 갈리지만, 새끼 양(Lamb 램)은 특유의 냄새가 나지 않아, 누구라도 쉽게 먹을 수 있습니다. 터메릭이나 시나몬 대신 카레 가루를 넣어 쉽고도 맛있게 만들 수도 있습니다.

재료(2~3인분)

- 새끼 양고기 어깨살 또는
  다리살 350g
  당근 1개
  양파 1개
  마늘 1쪽

•• 소금 1작은술
  터메릭 파우더 ½작은술
  시나몬 파우더 ½작은술
  잣 20g
  물 250㎖

••• 마른 과일 8개
  고수 약간
  식용유

•••• 쿠스쿠스
  쿠스쿠스 150㎖
  물 150㎖
  소금 한 자밤
  올리브 오일 1작은술

1 당근과 양파는 1X1cm 크기로 깍둑썰기 하고, 마늘은 굵게 다진다. 양고기는 한입 크기로 썬다.

2 프라이팬에 식용유를 두르고 달구어 양고기를 넣고 굽는다. 양고기의 겉이 익어 색이 나면 양파와 마늘을 넣고 볶는다.

3 양파가 반투명하게 익으면 당근을 넣는다.

4 소금, 터메릭 파우더, 시나몬 파우더를 넣고 볶아 잘 섞이면 잣을 넣는다.

쿠스쿠스 불리는 방법

1 쿠스쿠스와 물을 동량으로 준비한다. 냄비에 물을 넣고 끓여 불을 끈다. 소금과 올리브 오일을 넣고 섞은 후 쿠스쿠스를 넣는다.

point 2 뚜껑을 덮어 10분 정도 둔다.

5 물을 붓고 뚜껑을 덮어 끓인다. 끓어오르면 아주 약한 불로 줄여 50분 동안 끓인다.

6 마른 과일을 넣고 뚜껑을 덮어 다시 10분 정도 끓인다. 그릇에 담고 고수를 올려 장식하고 쿠스쿠스를 곁들인다.

POMELOS ROSES
DE FLORIDE
5€80 CAT.1
le kilo

PATATE DOUCE
€80 ISRAEL
CAT.1
le kilo

GEMBRE
€80 CHINE
CAT.1
le kilo

Partie 2

Poisson

해산물 요리

프랑스에서 흔하게 먹는 생선은 대구, 연어, 넙치, 참치, 아귀, 혀가자미, 농어, 도미 등입니다. 그 외에 홍합, 바지락, 가리비, 게, 새우, 바닷가재 같은 해산물도 먹습니다. 여러 해물 중에 대구와 연어의 인기가 특히 많습니다.

생선가게에서 생선을 살 때에는 비늘을 벗기거나 필레(생선의 살만 앞뒤로 2장 또는 4장으로 떠 내는 것) 등으로 밑손질을 해달라고 요청할 수 있습니다. 손질을 마친 생선은 프라이팬에 굽거나 그대로 오븐에 넣어 굽기도 합니다. 갑각류는 데치거나 쪄서 먹는 경우가 많은 것 같습니다. 일본에서 유명한 프랑스 요리인 '새우 테르미도르'에 사용하는 바닷가재도 이곳에서는 친숙한 해산물 중 하나입니다.

프랑스 북서부의 브르타뉴 지방과 노르망디 지방은 세계에서 유일하게 푸른 바닷가재가 잡히는 곳입니다. 오마르 블루(Homard Blue), 오마르 브르통(Homard Breton)이라고 부르며 귀하게 여기는데, 어획량이 적어서 미국이나 캐나다 산의 3배 이상 값을 쳐 줄 정도로 가격이 아주 비쌉니다. 맛이 진하고 풍부하며 섬세한 단맛이 나고, 바다의 맛이 강하게 느껴지는 것이 특징입니다. 살아있는 푸른 바닷가재로 만드는 테르미도르는 특별합니다.

최근에는 아시아 요리가 인기를 끌면서 날 생선을 먹는 것에 대한 거부감이 줄어들고 있지만, 여전히 익숙하지 않은 사람들도 많은 것 같습니다. 하지만, 굴은 좀 다릅니다. 예전부터 프랑스 사람들은 굴을 날 것으로만 먹어 왔습니다. 더구나 살아 있는 굴을 그대로 먹는 것을 고집합니다. 이런 점은 신기하지 않나요?

Daurade à la Provençale
프로방스 스타일의 도미찜

프랑스 남부 프로방스 지방의 특산물인 올리브, 케이퍼, 토마토를 사용한 요리입니다. 프로방스 지방은 재료 자체의 맛을 살려 심플하게 완성하는 요리가 많은 편인데 지중해에 접해 있어 해산물 요리가 많은 것이 특징입니다.

재료(2인분)

- 도미 600g(내장 제거하고 물에 씻은 후 무게 450g)

•• 마늘 1쪽
양파 100g
방울토마토 200g
블랙 올리브 10알
케이퍼 1작은술
화이트 와인 100㎖

••• 다진 파슬리 적당량
소금, 후추, 올리브 오일

1 도미는 비늘, 내장, 아가미를 제거하고 물에 씻는다. 깔끔하게 하려면 지느러미와 꼬리 끝도 가위로 잘라 낸다. 껍질에 칼집을 내고 소금, 후추를 뿌려 밑간 한다.

2 마늘은 칼 면으로 눌러 으깨고, 양파는 작게 깍둑썰기 한다.

3 방울토마토는 꼭지를 떼고 반으로 자른다.

4 프라이팬에 올리브 오일을 두르고 달구어 마늘과 도미를 넣어 굽는다. 겉면에 노릇하게 익은 색이 나도록 구워 그릇에 덜어둔다.

point
- 마늘이 타지 않도록 중불로 조리합니다.
- 도미의 겉면 전체를 골고루, 구수하게 구우면 소스에도 향이 배고 맛에도 깊이가 더해집니다.

5 ④의 팬에 올리브 오일을 더 두르고 양파를 넣어 볶는다.

6 양파가 반투명하게 익을 때까지 볶는다.

7 방울토마토를 넣고 소금, 후추를 뿌린다.

8 블랙 올리브, 케이퍼, 화이트 와인을 넣고 끓인다.

프로방스 스타일의 도미찜

9 구워 둔 도미를 프라이팬에 넣는다.

10 뚜껑을 덮어 중약불에서 15분 정도 끓인다.

11 끓일 때 타임이나 월계수 잎 등을 넣어도 좋다. 중간중간 숟가락으로 도미 위에 국물을 끼얹어 가며 끓인다.

12 파슬리를 뿌리면 완성.

Homard thermidor
바닷가재 테르미도르

재료(2인분)

- 바닷가재 1마리

•• 양송이버섯 2개
 양파 20g
 버터 20g
 박력분 10g
 우유 100㎖
 슈레드 치즈 30g

••• 베이비 채소 적당량
 소금

크리스마스가 되면 생선가게에 아주 많은 양의 바닷가재가 진열됩니다. 일반적으로 유통되는 것은 캐나다산이지만, 프랑스 브르타뉴 지방에서 잡히는 바닷가재가 있는데, 이는 최상품으로 꼽힙니다. 연말연시에는 새우 종류로 만드는 여러 요리가 등장하는데, 테르미도르는 크리스마스, 새해 같이 특별한 날에 잘 어울리는 요리법입니다. '테르미도르'는 프랑스 혁명 때 제정된 혁명력(革命曆) 중에서 '열월(熱月)'을 의미하는데, 이는 태양력의 7~8월에 해당합니다. 1894년 파리 코메디 프랑세즈(La Comédie-Française) 극장에서 상연된 [테르미도르]라는 연극을 기념하여, 근처의 레스토랑에서 요리에 붙인 이름이 그대로 전해지고 있습니다. 닭새우 같이 큼직한 새우로도 만들어 보시기 바랍니다.

- 혁명력은 프랑스 혁명 때인 1793년에 국민 공회가 그레고리력을 폐지하고 개정한 달력이다. 공화제 선언일인 1792년 9월 22일을 원년으로 하고 1년을 12개월, 매달을 30일로 정하였으며, 달은 농업이나 기후와 관련 지어 이름을 붙였다. 그 중 열월은 혁명력의 제11월에 해당하며, 현재의 7월 20일~8월 18일로 본다.

1 프라이팬에 바닷가재를 넣고 팬 바닥에서 2~3cm 높이까지 물을 붓는다. 뚜껑을 단단하게 잘 덮어 불에 올린다. 끓으면 10분 정도 더 익힌다.

2 삶은 바닷가재를 프라이팬에서 꺼내어 식힌다.

3 한 김 식은 바닷가재의 집게다리 부분을 떼어낸다.

4 끝이 뾰족한 부엌칼이나 발골칼 (육류나 생선의 뼈에서 살을 분리할 때 쓰는 칼)로 바닷가재의 몸통을 껍질째 길이로 반 가른다.

5 머리 안쪽의 딱딱한 부분을 떼어낸다.

6 등쪽에 실처럼 붙은 내장을 떼어낸다.

7 숟가락으로 내장을 떠 내고, 껍질에서 살을 분리한다.

8 칼로 바닷가재 살을 한 입 크기로 썬다.

9 양파는 다지고, 양송이버섯은 잘게 썬다.

바닷가재 테르미도르

10 프라이팬에 버터를 넣고 녹으면 양파와 양송이버섯을 넣고 볶는다. 색이 나지 않도록 약불에서 볶는다.

11 박력분을 뭉치지 않게 넣고 골고루 섞으면서 익힌다.

12 우유를 넣고 거품기로 섞으면서 끓인다.

13 완전히 끓어서 걸쭉해지면 불을 끈다. 소금을 아주 약간만 넣어 간을 맞추고 그릇에 옮겨 담는다.

14 ⑬의 그릇에 바닷가재 살과 내장을 넣고 골고루 섞는다.

15 ⑭를 바닷가재 껍질 속에 채워 넣는다.

16 그 위에 치즈를 골고루 뿌린다.

17 달군 프라이팬에 바닷가재의 치즈를 뿌린 부분이 바닥으로 닿게 넣고 치즈가 노릇하게 색이 나도록 굽는다.

18 전체적으로 노릇노릇하게 색이 날 때까지 굽는다.

- 자주 뒤집지 않고 노릇한 색이 날 때까지 그대로 굽습니다. 노릇하게 색이 나면 치즈가 팬에 붙지 않아 깔끔한 상태로 뒤집을 수 있습니다.

point

바닷가재 집게다리살 발라내는 법

1 다리 가운데를 잘라 집게발과 다리를 분리한다.

2 가위로 다리 껍질 양쪽 끝에서부터 잘라 껍질을 벌린다.

3 껍질에서 살을 발라낸다. 나머지 다리도 같은 방법으로 살을 발라낸다.

4 집게발의 작은 집게 부분을 잡고 움직이는 방향으로 계속 흔들면서 껍질을 떼어낸다.

5 집게발의 양면을 칼등으로 쳐서 껍질에 금이 가게 한다.

6 껍질에 금이 가면 어렵지 않게 가를 수 있다.

7 껍질에서 집게발의 살을 발라낸다. 나머지 집게발도 같은 방법으로 살을 발라낸다.

8 접시에 살을 채워 잘 구운(59쪽) 바닷가재 몸통과 집게다리살을 모양내어 담고 기호에 따라 베이비 채소 등을 곁들인다.

쓰기 좋은 프라이팬에 대해서

프라이팬은 각각의 재질에 따라 장점과 단점이 있습니다. 가정에서 주로 사용하는 것은 불소수지가공(테프론)한 프라이팬이지요. 재료가 들러붙지 않고 가벼워서 쓰기 편한 것은 장점이지만, 쓰면 쓸수록 코팅이 조금씩 벗겨져 점점 재료가 들러붙게 됩니다. 그리고 높은 온도일수록 코팅면의 기능도 심하게 떨어져 고열에서 하는 조리에는 적합하지 않습니다. 낮은 온도에서 굽는 재료, 전분이 많이 들어 있는 재료를 구울 때 추천합니다.

무쇠 프라이팬은 내구성도 있고 오래 사용하며 길들이면 재료가 잘 들러붙지 않고, 높은 온도에서도 조리할 수 있습니다. 단, 관리를 제대로 하지 않으면 녹이 슬기도 하고, 무거워서 다루기 힘들 수도 있습니다. 스테이크나 고기를 높은 온도에서 조리할 때 적합합니다.

알루미늄 프라이팬은 열전도율이 우수하지만, 재료가 아주 쉽게 들러붙기 때문에 굽는 조리법에는 적합하지 않습니다. 가벼워서 프라이팬을 들고 쉽게 돌릴(흔들) 수 있어 파스타를 마무리할 때 자주 사용합니다.

스테인리스 프라이팬은 녹이 슬지 않아 청결하고 견고합니다. 재료가 가진 본래의 색과 구웠을 때의 색을 확인하기 쉬워 정확하게 조리할 수 있습니다. 주의할 점은 굽기 전에 높은 온도로 충분히 달구지 않으면 재료가 쩍 들러 붙어 버립니다. 재료의 한쪽 면을 확실히 구워 익힌 후 뒤집는 것도 중요합니다. 열전도율이 좋지 않으므로 구입한다면 스테인리스에 쇠나 알루미늄을 조합해, 스테인리스의 결점을 보완한 프라이팬을 고르는 것을 추천합니다.

구리 프라이팬은 열전도율이 가장 우수합니다. 프랑스의 주방에서 사용하는 냄비나 프라이팬 중에는 구리로 만든 것이 많은데 가격이 아주 비쌉니다. 굽는 면에는 주석이나 스테인리스를 입혀 가공한 것이 많으며, 재료를 균일하게 익힐 수 있어 정확한 불조절이 가능하고, 아주 견고합니다. 다만 구리는 녹이 슬기도 하고, 사용할수록 색이 바래집니다. 구리 표면을 반짝반짝 광택이 나도록 보존하려면 정기적인 손질이 필요하지만 프라이팬 내부는 스테인리스로 덮여 있어 요리에는 영향을 주지 않습니다.

저는 이곳에서 지내다 보니 르 크루제(LE CREUSET)와 스타우브(Staub), 드 부이에(De Buyer)와 모비엘(Mauviel) 등 프랑스 회사의 냄비와 프라이팬을 자주 사용합니다. 가정에서는 불소수지가공 프라이팬 한 종류, 무쇠 프라이팬이나 스테인리스 프라이팬 또는 구리 프라이팬 중에서 한 종류 이렇게 선택하여 구비하면 좋을 것 같습니다. 그런 다음 재료나 조리법에 따라 구분해서 사용하면 편리합니다.

1 **불소수지가공 프라이팬.** 높은 온도에서 조리할 때를 제외하고 전반적으로 자주 사용합니다. 뚜껑이 있어 쓰기 편하고 손질도 간단해서 부엌에 가장 많이 등장합니다.
2 **스킬렛.** 무쇠 프라이팬입니다. 두꺼워서 온도가 잘 내려가지 않아 노릇한 색을 진하게 내고 싶을 때 사용합니다.
3 **구리 프라이팬.** 표면에 스테인리스 가공이 되어 있습니다. 고기를 구워 그 쉭(Suc)을 녹여 낼 때 색을 확인하기 쉬워 편리합니다.

Bar poêlé sauce vierge

비에르주 소스의 농어 구이

'비에르주'는 프랑스어로 '처녀'라는 의미이며, 비에르주 소스는 엑스트라 버진 올리브 오일, 토마토, 레몬, 허브를 넣어 만듭니다. 1980년대는 프랑스 요리가 무거운 요리에서 가벼운 요리로 옮겨가던 시기였습니다. 비에르주 소스는 그 시대에 프랑스 남부 지방에서 처음 만들어져 프랑스 전체로 널리 퍼진 소스입니다.

재료(2인분)

- 농어(세 장 뜨기 한 것) 160g
  딜(있으면) 적당량
  식용유

•• **비에르주 소스**
  토마토 1개
  다진 양파 1큰술
  다진 바질 또는
  다진 이탈리안 파슬리 1작은술
  엑스트라 버진 올리브 오일 2큰술
  레몬즙 1작은술
  소금, 후추

1 토마토 껍질에 칼로 열십자 모양의 칼집을 낸다. 꼭지 부분을 포크로 찔러 고정시켜 가스레인지에서 직화로 살짝 굽는다. 찬물에 담가 토마토 껍질을 벗긴다.

2 토마토를 반으로 잘라 씨를 빼낸다. 토마토의 꼭지를 도려내고, 작게 깍둑썰기 한다.

3 그릇에 토마토, 양파, 바질 또는 이탈리안 파슬리, 엑스트라 버진 올리브 오일을 넣고 잘 섞는다. 레몬즙, 소금, 후추를 넣고 섞어 소스를 만든다.

4 요리용 족집게로 농어 살에 남은 뼈와 잔가시를 꼼꼼하게 발라낸다.

5 구웠을 때 생선살이 오그라들지 않도록 껍질에 길게 칼집을 낸다.

6 프라이팬에 식용유를 두르고 생선 껍질 부분부터 굽는다.

7 약불과 중불 사이에 놓고 껍질이 노릇해지고 구수한 향이 돌도록 천천히 굽는다. 생선살 부분이 하얗게 익으면 뒤집고 불을 끈다.

8 접시에 소스와 농어를 보기 좋게 담는다. 딜 등의 초록 허브가 있으면 뿌려서 장식한다.

Blanquette de saumon

연어 블랑케트

재료(2인분)

- 연어 150g

- 버섯(양송이버섯 등) 80g
  양파 50g

- 화이트 와인 80㎖
  생크림 80㎖
  시금치 30g
  소금, 후추, 버터

- **뵈르 마니에**
  녹인 버터 10g
  박력분 1작은술

블랑케트(Blanquette)는 여러 가지 재료를 함께 푹 끓여 만드는데, 그 중에도 생크림 등을 넣어 하얀색으로 완성하는 요리를 말합니다. 프랑스에서는 새끼 양이나 토끼 고기로 만드는 것이 일반적입니다. 추워지기 시작하면 먹고 싶어지고, 먹고 나면 마음이 편안해지는 요리입니다. 프랑스 가정요리의 맛을 느껴볼 수 있는 음식으로 우리에게 친숙한 연어로 만들어도 잘 어울립니다.

- **뵈르 마니에**(Beurre manié)는 녹이거나 부드럽게 푼 버터와 밀가루를 섞은 것으로 소스 등에 농도를 낼 때 사용한다.

1 연어는 한입 크기로 썰어 소금, 후추를 뿌려 밑간 한다.

2 양송이버섯은 먹기 좋은 크기로 썰고, 양파는 작게 깍둑썰기 한다.

3 그릇에 녹인 버터와 박력분을 넣고 골고루 섞어 뵈르 마니에를 만든다.

4 프라이팬에 버터 적당량을 넣고 녹여 양파의 색이 진해지지 않게 하면서 볶는다.

5 연어를 넣고 중약불에서 색이 진해지지 않게 굽는다.

6 연어의 겉면이 익어 색이 연해지도록 굽는다. 속까지 익지 않아도 된다.

7 양송이버섯, 화이트 와인을 넣고 알코올을 날린다.

8 소금 ¼작은술을 넣는다.

9 뚜껑을 덮어 5분 정도 끓인다.

연어 블랑케트

10 생크림을 넣고 한 번 끓어 오를 때까지 가열한다.

11 불을 끄고 ③의 뵈르 마니에를 넣는다.

12 다시 불을 켜고 거품기로 살살 섞으면서 끓인다.

13 큼직하게 손질한 시금치를 넣는다.

14 뚜껑을 덮어 시금치가 살짝 익을 정도로 끓인다.

18 완성

Saint-Jacques poêlées à l'orange

오렌지 향 관자구이

굽기만 해도 맛있는 가리비 관자에 오렌지 향까지 더하여 즐기는 요리입니다. 소스 재료인 프랑스의 대파 푸아로(Poireau)는 버터와 아주 잘 어울립니다. 조금 멋을 부린 일품 요리로 완성했습니다.

오렌지 향 관자구이

재료(2인분)

- 가리비 관자 150g
  푸아로(프랑스 대파) 또는
  대파 130g

•• 오렌지 즙 50㎖
  버터 20g
  오렌지 껍질 적당량
  소금, 식용유

1 푸아로(대파)는 얇게 어슷 썬다.

2 오렌지를 반으로 잘라 즙을 꽉 짠다.

3 가리비는 껍데기에서 살을 떼어 낸 다음 관자 둘레에 붙은 살과 내장을 제거하고 관자만 준비한다.

- 숟가락이나 스패츌러 등을 사용해 살이 뭉개지지 않도록 조심하면서 껍질에서 떼어냅니다. *point*

4 프라이팬에 버터 10g을 넣고 녹인 후 대파를 넣어 볶는다. 소금을 뿌리고, 대파에 색이 나지 않도록 불 조절을 하며 볶는다.

5 대파가 익어 부드러워지면 오렌지 즙을 넣고 조린다. 불을 끄고 버터 10g을 넣고 잘 섞으며 녹여서 완성 그릇에 옮겨 담는다.

6 관자에 소금을 뿌려 밑간 한다. ⑤의 프라이팬을 깨끗하게 닦고 식용유를 적당량 두르고 달구어 관자를 넣고 센 불에서 굽는다.

7 노릇하게 색이 나고 관자 속이 반 정도 익은 상태가 되도록 굽는다.

8 ⑤의 그릇에 구운 관자를 올린다. 그레이터로 오렌지 껍질을 바로 갈아 요리에 올린다.

- 오렌지는 뜨거운 물에 넣고 껍질을 깨끗이 씻어서 사용합니다.
- 허브가 있으면 장식해 초록의 느낌을 더합니다. *point*

고등어 에스카베슈

Maquereau en escabèche

고등어 에스카베슈

재료(2인분)

- 고등어(세 장 뜨기 한 것) 200g
  박력분 1~2큰술

●● 양파 80g
  빨강 파프리카 80g
  마늘 ½쪽
  페페론치노 1개
  올리브 오일 2큰술

●●● 식초 50㎖
  화이트 와인 70㎖
  설탕 1작은술
  소금, 후추, 튀김용 기름

에스카베슈(Escabèche)는 튀긴 생선을 소스에 마리네(Mariné, 영어로 marinade) 한 것입니다. 일본 요리로 보자면 난반즈케와 비슷한 것으로 채소와 생선을 산뜻하고 담백한 맛으로 즐길 수 있습니다. 흰 살 생선, 전갱이, 고등어 등 어떤 종류의 생선으로 요리하더라도 잘 어울리며 닭고기로 만들어도 맛있습니다.

미리 만들어 두었다가 저녁식사에 일품요리로 추가하면 어떨까요?
도시락 반찬으로도 적극 추천합니다.

- **난반즈케** 전분을 묻혀 기름에 튀긴 생선살에 여러 가지 채소와 새콤달콤한 간장 양념을 넣고 초절임하여 만드는 요리.

1 요리용 족집게로 고등어 살에 남아 있는 뼈와 잔가시를 모두 발라낸다.

2 고등어에 소금, 후추를 뿌려 밑간 한다.

3 양파와 파프리카는 채 썬다. 마늘은 칼 면으로 눌러 으깬다.

4 프라이팬에 올리브 오일, 마늘, 페페론치노를 넣고 약불에서 가열해 향을 낸다.

5 양파와 파프리카를 넣고 볶는다.

6 소금, 후추를 뿌리고 채소의 숨이 죽을 때까지 볶는다.

7 식초와 화이트 와인을 넣고 끓여 알코올을 날린다.

8 설탕을 넣고 잘 녹을 수 있게 잠깐 끓여 덜어 둔다.

9 키친타월로 밑간 한 고등어의 물기를 닦고 앞뒤로 박력분을 묻힌다.

고등어 에스카베슈

10 프라이팬에 튀김용 기름을 넣고 달군 다음 고등어를 넣어 튀긴다.

11 노릇노릇하게 색이 날 때까지 튀긴다.

12 팬에서 고등어를 꺼내 키친타월 위에 올려 기름을 뺀다.

13 그릇에 따뜻한 상태의 고등어를 담고 ⑧의 채소와 국물을 모두 붓는다.

point
• 만들어서 바로 먹어도 좋지만, 냉장실에서 하룻밤 동안 두고 고등어에 맛이 골고루 밴 후 먹으면 더 맛있습니다.

● **에스카베슈와 마리네**
마리네(Mariné)는 '절이다' 라는 의미로 식초나 레몬즙 등으로 만든 절임액에 식재료를 재우는 방법입니다. 에스카베슈(Escabèche)는 생선을 기름에 튀겨 익힌 후 마리네 한 것으로 산미가 깃들어 있는 산뜻한 맛이 특징입니다.

14 먹기 전에 이탈리안 파슬리가 있으면 뜯어 올려서 장식하여 완성!

Partie 3

Entrée, Salade

전채 요리, 샐러드

'아페리티프(Apéritif)'는 식전주를 의미하지만, 저녁식사를 하기 전까지 가볍게 술과 안주를 먹으며 친구나 가족과 대화를 나누는 시간 자체를 의미하기도 합니다. 줄여서 '아페로(Apéro)'라고 부릅니다.

프랑스 사람들의 저녁 식사 시간은 늦은 편이라 오후 9시 이후에 시작합니다. 하루 일과를 마치고 저녁 식사를 하기까지 꽤 시간이 남아서 카페 등에서 술 한 잔 하며 친구와 즐거운 시간을 보내곤 합니다.

그럴 때에 샴페인, 맥주, 리큐어(혼성주)의 한 종류인 파스티스(Pastis)나 칵테일을 마시고, 생햄이나 살라미, 견과류, 올리브, 심플한 카나페 등을 요기 삼아 집어먹으며 수다를 떱니다.

저녁식사에 초대되었거나 파티가 열릴 때에도 우선 아페로부터 시작합니다. 참석 인원이 제 시간에 도착하지 못하는 경우도 많으니 술을 한 잔 마시고, 안주를 먹으며 대화에 활기를 불어넣습니다.

프랑스는 여름에 해가 늦게 저물어 저녁 9시가 지나도 밝기 때문에 카페 테라스, 가정집 정원, 베란다 등에서 아페로를 즐기는 경우도 있습니다. 프랑스 사람들은 햇볕을 쬐며 식사하는 것을 아주 좋아합니다. 개방적인 분위기에서라면 대화도 더욱 즐거워지겠지요.

먹는 것에만 집중하지 않고, 다같이 대화를 나누는 것도 즐거움의 하나! 이런 아페로에 잘 어울리는 레시피를 모았습니다.

여러분도 맛있게 만들어 아페로를 즐겨 보면 어떨까요?

세 가지 카나페

Tapenade
Caviar d'aubergine
Fromage tartare maison

안주는 후다닥 만들 수 있는 것이 최고! 그 다음에는 친구들과 느긋하게 수다를 즐겨봅시다. 사진에서 왼쪽은 타임 등의 허브를 올린 가지로 만든 캐비아입니다. 가운데는 얇게 자른 토마토 위에 올린 타프나드이며 딜을 올려 장식했습니다. 오른쪽은 다진 호두와 차이브를 올린 홈메이드 프레시 치즈입니다. 세 가지 모두 얇게 자른 바게트 위에 올려 냅니다.

Tapenade

타프나드

프랑스 지중해 연안 프로방스 지방에서 처음 만들어진 것으로 올리브로 만든 페이스트 입니다. 빵에 발라 먹거나 생선 요리에 소스 대신 사용하면 좋습니다. 새끼 양(Lamb) 구이 등에 곁들여 먹기도 하고, 짠맛이 강해서 조미료 대신 사용하기도 좋습니다.

재료(한 번에 만들기 쉬운 양)

- 블랙 올리브 200g(씨를 뺀 무게)
  케이퍼 20g
  안초비 필레 4조각
  레몬즙 ¼개 분량
  엑스트라 버진 올리브 오일 50㎖

1 블랙 올리브의 씨가 있으면 빼낸다.
올리브를 꾹 누르면 쉽게 씨가 빠진다.

2 푸드프로세서에 올리브, 케이퍼, 안초비를 넣는다.

3 레몬즙, 엑스트라 버진 올리브 오일을 넣고 갈아서 섞는다.

4 페이스트 상태가 되면 타프나드 완성.

19

Caviar d'aubergine
가지로 만든 캐비아

가지를 익혀 페이스트 형태로 만든 지중해 요리입니다. 프랑스에서는 가지 씨의 알갱이를 캐비아에 비유해서 '가지 캐비아'라고 부릅니다. 빵 위에 올려서 먹거나, 고기나 생선 요리에 곁들여 먹어도 아주 잘 어울립니다.

카나페 : 가지로 만든 캐비아

재료(한 번에 만들기 쉬운 양)

- 가지 약 6개(500g)
  올리브 오일 6큰술
  마늘 1쪽
  소금, 후추
  타임(또는 에르브 드 프로방스)
  적당량

1 가지는 꼭지를 떼고 껍질을 줄무늬 모양이 나오도록 띄엄띄엄 벗겨 깍둑썰기 한다. 마늘은 다진다.

2 프라이팬에 올리브 오일을 두르고 달구어 가지를 넣고 볶는다.

3 가지가 어느 정도 익으면 다진 마늘을 넣는다.

4 타임 또는 에르브 드 프로방스를 넣는다.

5 소금, 후추를 뿌려 간을 맞추고, 뚜껑을 덮어 아주 약한 불에서 5분간 찌듯이 익힌다.

6 푸드프로세서에 ⑤를 넣고 간다.

7 매끄러운 페이스트 상태가 되면 간을 보고 소금으로 다시 한 번 간을 맞춘다.

- **에르브 드 프로방스**(Herbes de Provence)
  세이보리, 로즈메리, 오레가노, 타임, 바질 같은 말린 허브를 일정한 비율로 섞은 것을 말한다. 구이, 파스타, 수프, 스튜는 물론이며 소스를 만들 때에도 사용하곤 한다. 온라인 쇼핑몰에서 어렵지 않게 구할 수 있다.

Fromage tartare maison
홈메이드 프레시 치즈

우유에 레몬즙을 넣어 손쉽게 만드는 치즈입니다. 마늘과 허브로 향을 내고, 빵과 함께 먹습니다. 화이트 와인과도 아주 잘 어울립니다.

카나페 : 홈메이드 프레시 치즈

재료(한 번에 만들기 쉬운 양)

- 우유 500㎖
  마늘 1쪽
  레몬즙 ½개 분량
  소금 ⅓작은술
  생크림 30㎖
  차이브, 딜, 산파 등의 허브 5g

1 마늘을 4등분으로 썬 다음 우유와 함께 냄비에 넣고 불에 올린다.

2 끓어오르기 직전에 불을 끄고 레몬즙을 넣는다.

3 가볍게 휘저어 섞은 다음 1~2분 정도 그대로 둔다.

4 체에 요리용 면포를 깔고 ③을 살살 부어 응고된 부분만 남긴다.

5 가볍게 눌러 물기를 빼고 그대로 식힌다.

6 ⑤를 그릇에 옮겨 담고 소금, 생크림, 송송 썬 허브를 넣고 섞는다.

7 매끄러운 상태가 될 때까지 섞어 완성한다.

- **남은 유청 활용**
  ④~⑤의 과정에서 거르고 남은 액체 즉, 유청(whey)은 국물 요리(스튜)나 밥을 지을 때 사용하세요.

tip

Champignons marinés
버섯 마리네

다양한 종류의 버섯으로 만드는 간단한 곁들임 요리로 즐겨 먹는 버섯은 무엇이든 사용할 수 있습니다. 프랑스는 10월부터 본격적인 버섯의 제철이 시작되어, 시장에 가면 여러 종류의 야생 버섯이 빼곡히 늘어서 있는 것을 볼 수 있습니다. 버섯이 가진 대지와 숲의 향을 고스란히 맛볼 수 있는 쉬운 요리입니다.

버섯 마리네

재료(2인분)

- 버섯(좋아하는 종류) 250g
  마늘 1쪽
  올리브 오일 2큰술

- 식초(사과나 와인 식초 등) 2큰술
  다진 파슬리 적당량
  소금, 후추

1 버섯은 밑동을 자르고 젖은 키친타월로 지저분한 부분을 닦는다.

2 버섯은 한입 크기로 썰고, 마늘은 다진다.

point • 버섯은 씻으면 안됩니다! 물을 흡수해 굽는 도중에 물컹물컹해집니다. 야생 버섯은 흙이 붙어 있으니 키친타월이나 칼로 꼼꼼하게 지저분한 부분을 제거해 주세요. 갓이 있는 버섯은 주름 사이에 이물질이 있을 수 있으니 잘 털어주세요.

3 달군 프라이팬에 올리브 오일을 두른다.

4 손질한 버섯을 넣고 센 불에서 볶는다.

5 버섯에 기름기가 돌면 자주 뒤섞지 않고 노릇한 색이 날 때까지 볶는다. 도중에 마늘을 넣고 계속 볶는다.

6 소금, 후추를 뿌려 간을 맞춘다.

7 식초를 넣고 물기가 없어질 때까지 가열한다.

8 다진 파슬리를 뿌려 완성.

Carottes râpées
당근 라페

프랑스의 곁들임 요리 중 가장 자주 등장하는 메뉴가 바로 이 당근 채 샐러드입니다.

프랑스어 이름의 라페(râpées)는 강판으로 갈았다는 의미입니다.

프랑스 당근은 우리가 먹는 당근에 비해 특유의 향이 강하지 않으며 단맛이 좋아 먹기 쉬운 것이 특징입니다.

샐러드에 오렌지를 넣으면 새콤달콤함이 더해지고 향도 산뜻해집니다. 당근을 정말 많이 먹을 수 있는 요리입니다.

당근 라페

재료(4~6인분)

- 당근 400g

•• 소금 ½작은술
식초 또는 레몬즙 1큰술
식용유 2큰술
오렌지(또는 귤) 1개

1 당근은 껍질을 벗긴다.

2 채칼로 당근을 가늘고 길게 채 썬다. 칼로 썬다면 가능한 한 가늘게 채 썬다.

3 당근에 소금을 뿌려 간을 하고, 전체적으로 간이 배게 살살 섞어 잠시 둔다.

4 식초 또는 레몬즙을 넣고 섞는다.

5 식용유를 넣고 섞는다.

6 원한다면 그레이터로 오렌지 또는 귤의 껍질을 갈아 넣는다.

7 ⑥에서 사용한 오렌지(귤)의 즙을 짜서 넣고 골고루 섞는다.

8 파슬리가 있으면 다져서 뿌려도 좋다.

Salade de lentilles
렌즈콩 샐러드

프랑스식 곁들임 요리로, 식사에 자주 등장하는 샐러드입니다.
렌즈콩은 납작하고 둥근 렌즈처럼 생긴, 서아시아가 원산지인 콩입니다. 크기가 작아서 물에 불리지 않고도 요리할 수 있고, 끓이는 시간도 짧아서 사용하기에 아주 편리한 재료입니다.

렌즈콩 샐러드

재료(4인분)

- 렌즈콩(마른 것) 150g
  물 600㎖

•• 햄 2장
  양파 30g
  다진 파슬리 1큰술
  소금 ½작은술
  홈메이드 프렌치 드레싱 4작은술
  ▶ (드레싱 레시피는 92쪽 참조)

1 렌즈콩은 물로 한 번 씻는다. 프라이팬에 렌즈콩과 물을 넣고, 렌즈콩이 부드러워질 때까지 15~20분 정도 삶는다. 센 불에서 계속 삶으면 콩이 너무 익어 물러지기 쉬우므로 끓어오르면 약불로 줄인다.

2 삶은 렌즈콩은 체에 받쳐 물기를 빼고 식힌다.

3 햄과 양파는 잘게 썬다.

4 그릇에 삶은 렌즈콩, 햄, 양파, 파슬리를 넣는다.

5 소금과 프렌치 드레싱을 넣고 골고루 섞는다.

point
- 맛을 보고 필요하면 식초 1큰술을 넣어 신맛을 더해도 맛있습니다.
- 취향에 따라 방울토마토, 허브 등으로 장식해 색감을 내도 좋습니다.

6 완성.

Salade de taboulé
쿠스쿠스 샐러드

프랑스에는 모로코 요리점이 곳곳에 있습니다. 덕분에 모로코의 대표격인 쿠스쿠스 요리는 프랑스 사람들에게도 널리 알려져 있습니다. 쿠스쿠스는 세계에서 가장 작은 파스타라 불릴 정도로 작은 곡물 알갱이 모양을 하고 있으며, 불리는 방법도 간단합니다. 그래서인지 여러 곁들임 요리와 샐러드, 식료품 등을 판매하는 가게에 가면 쿠스쿠스를 넣어 만든 샐러드인 '타불레'가 언제나 진열되어 있습니다. 이 요리는 타불레에 레몬과 민트를 넣어 한결 산뜻한 맛을 즐길 수 있습니다.

쿠스쿠스 샐러드

재료(4인분)

- 쿠스쿠스(medium grain, 중간 크기 낟알) 200㎖
  올리브 오일 2큰술
  물 200㎖

- 토마토 1개
  적양파(또는 일반 양파) ½개
  오이 1개
  레몬즙 1개 분량(50㎖)
  소금 1작은술
  민트 잎·이탈리안 파슬리 약간씩

1 커다란 그릇에 쿠스쿠스를 담고 올리브 오일을 넣고 섞는다.

2 물을 넣고 부드러워질 때까지 불린다.

3 양파는 다져서 찬물에 담근다.

4 토마토와 오이는 모두 씨를 빼고 작게 깍둑썰기 한다.

5 ②의 그릇에 토마토, 오이, 물기를 잘 뺀 양파를 넣는다.

6 레몬즙과 소금을 넣고 골고루 섞는다.

7 민트 잎과 이탈리안 파슬리를 다져서 ⑥에 넣고 잘 섞어 완성한다. 이 때 장식용으로 이탈리안 파슬리 몇 잎은 남겨둔다.

8 쿠스쿠스 샐러드를 냉장실에 넣어 차갑게 식힌 후 그릇에 담는다. 이탈리안 파슬리 잎을 올려 장식한다.

Carpaccio de poisson
카르파초 샐러드

프랑스에는 날 생선을 먹는 관습이 없습니다. 하지만 최근 파리 같은 큰 도시에서 아시아 요리 붐이 일어 회나 초밥 같은 날 생선 요리를 거부감 없이 먹으며, 좋아하는 사람도 늘어났습니다. 싱싱한 날 생선에 소금과 올리브 오일을 뿌려 카르파초를 만들고, 좋아하는 채소와 홈메이드 프렌치 드레싱을 곁들여 산뜻하게 완성합니다.

카르파초 샐러드

재료(2인분)

- 흰 살 생선(도미 등,
  세 장 뜨기 한 것) 80g
  소금
  엑스트라 버진 올리브 오일

•• 샐러드 채소(꽃상추,
  베이비 채소 등) 100g
  홈메이드 프렌치 드레싱 3큰술
  ▶ (드레싱 레시피는 92쪽 참조)

1 요리용 족집게로 생선살에 남아 있는 뼈와 잔가시를 모두 발라낸다. 생선살을 담아 둘 접시는 미리 냉장실에 넣어 차갑게 식힌다.

2 생선 껍질을 벗긴다.

3 생선살을 얇게 저며 ①에서 미리 준비한 차가운 접시에 가지런히 담는다.

4 소금을 가볍게 뿌린다.

5 엑스트라 버진 올리브 오일을 골고루 뿌린다.

6 그릇에 샐러드 채소를 손으로 찢어 넣고 프렌치 드레싱을 뿌려 섞는다.

point
- 드레싱이 샐러드 채소 전체에 골고루 묻도록 가볍게 섞어 버무립니다.

7 접시에 ⑤의 카르파초와 ⑥의 샐러드를 모양내어 담는다.

Vinaigrette française
홈메이드 프렌치 드레싱

항상 만들어 두는 우리집 대표 드레싱입니다. 사과 식초와 견과류 오일로 만드는 것이 포인트로, 알싸한 디종 머스터드의 풍미도 살렸습니다. 여러 종류의 샐러드에 활용할 수 있어, 미리 만들어 두면 필요할 때 바로 사용할 수 있습니다. 냉장실에서 1~2주일은 보관이 가능합니다. 드레싱을 담을 병은 꼭 뜨거운 물로 소독하세요.

홈메이드 프렌치 드레싱

재료(한 번에 만들기 쉬운 분량)

- 디종 머스터드 3큰술
  소금 1작은술
  후추
  사과 식초 100㎖
  유채유(또는 해바라기유,
  식용유 등) 300㎖
  견과류 오일(또는 호두유 등) 100㎖

1 볼에 디종 머스터드를 넣는다.

2 소금을 넣는다.

3 후추를 뿌리고 식초를 넣는다.

4 거품기로 섞는다.

5 기름을 조금씩 넣으며 거품기로 잘 섞는다.

6 골고루 잘 저어 유화시킨다.

7 용기에 담아 냉장 보관한다.

point
- 생 채소나 샐러드에 드레싱으로 사용할 경우에는 1인분에 1~2순가락이면 적당합니다. 샐러드에 드레싱을 뿌리고 전체적으로 드레싱이 골고루 묻도록 잘 버무려 드세요.

Partie 4

Menu à la carte

일품 요리

프랑스의 길모퉁이를 지나다보면 여러 요리를 만들어 파는 식료품점을 자주 발견할 수 있는데, 그곳에서 전채 요리와 메인 요리 등을 포장하여 사갈 수 있습니다. 쇼케이스에 진열되어 있는 갖가지, 형형색색의 요리들을 보면 어떤 것을 고를까 망설이게 되어 곤란할 지경입니다.

이 책에도 등장하는 당근 라페(당근 채 샐러드), 렌즈콩 샐러드, 타불레(쿠스쿠스 샐러드), 치킨 프리카세는 항상 살 수 있는 단골메뉴들 입니다. 저도 요리할 시간이 없을 때에는 전채와 메인 요리를 한 가지씩 사서 저녁식사로 먹습니다.

식료품점 요리는 1Kg 단위로 가격이 표시되어 있으며 대체로 무게로 판매합니다. 요리에 따라 한 조각씩 살 수도 있으며, 아주 소량씩도 구입할 수 있어 한 번에 여러 가지 요리를 맛볼 수 있습니다.

여행자 입장에서는 식당에 가면 여러 종류의 요리를 한꺼번에 주문 해 먹을 수 없고, 가격도 부담이 됩니다. 반면, 요리를 판매하는 식료품점에 가면 합리적인 가격에 먹고 싶은 것을 조금씩 맛볼 수 있습니다. 게다가 식당에서 제공하는 메뉴를 제대로 읽을 수 없다면 어떤 요리가 나올까 불안하지만, 식료품점에서는 눈으로 보고, 먹고 싶은 것을 골라 주문할 수 있어 마음도 편합니다. 무엇보다 프랑스 가정에서 즐겨 먹는 인기 요리가 한데 모여 있으므로, 보통의 프랑스 사람들 식사를 경험하고 싶다면 꼭 식료품점을 방문해보세요!

Soupe à l'oignon gratinée

어니언 수프

재료(2인분)

- 양파 400g
  마늘 ½쪽

- • 버터 15g
  박력분 2작은술
  닭육수 또는 비프 콩소메 등 500㎖

- • • 얇게 자른 바게트 4조각
  좋아하는 치즈 적당량
  소금

추운 계절에 제격인 양파 수프입니다. 가을과 겨울이 되면 파리의 카페 테라스에 앉아 이 수프를 먹고 있는 사람들을 자주 볼 수 있습니다.
어니언 그라탱 수프는 파리의 레알(Les halles)에 있는 어느 브라스리(Brasserie)에서 탄생한 요리입니다. 옛날 레알에는 '파리의 위장'이라 불리던 중앙시장이 있었습니다. 동트기 전부터 시장에서 일을 시작한 사람들의 꽁꽁 얼어있는 몸을 따뜻하게 녹여주기 위해 이 수프가 만들어졌습니다.
맛있는 어니언 그라탱 수프를 만들기 위해 가장 중요한 것은 반투명한 갈색이 나도록 양파를 볶아 향과 감칠맛, 그리고 단맛을 잘 끌어내는 것입니다.

• 브라스리(Brasserie)는 맥주를 마시는 선술집을 말한다. 1850년 이전에는 맥주 양조장을 뜻했다. 오늘날 브라스리는 맥주 등의 음료를 서빙하는 카페-레스토랑과 같은 의미로 쓰이고 있다.

1 양파는 채 썰고 마늘은 편 썬다.

• **point** 양파의 심을 깔끔하게 잘라내 주세요. 심을 제거해야 볶는 도중 양파가 자연스럽게 풀어져 분리됩니다. (양파 써는 법은 121쪽).

2 프라이팬에 버터를 넣고 녹인다.

3 양파와 마늘을 넣고 볶는다.

4 반투명한 갈색이 될 때까지 20분 정도 볶는다.

• **point** 처음에는 센 불, 그 이후는 중불과 약불 사이에서 천천히 볶습니다. 프라이팬이 너무 뜨거워진 경우에는 일단 불을 끄고 잠깐 식힌 후 다시 약불에 올리는 등의 방법으로 불조절에 유의하면서 볶도록 합니다.

5 박력분을 넣고 양파와 섞는다.

6 닭육수 또는 비프 콩소메를 넣고 끓인다.

7 끓어 오르면 맛을 보고 소금으로 간을 맞춘다.

• **point** 시판 육수 큐브를 사용해도 맛있게 만들 수 있습니다. 육수 큐브를 사용할 경우에는 물 500㎖에 육수 큐브 1개(약 5g)의 비율로 사용합니다.

어니언 수프

8 내열용기에 수프를 넣고 바게트를 올린다.

9 바게트 위에 치즈를 골고루 뿌린다.

10 오븐 토스터에 넣고 윗면에 군데군데 눌은 자국이 생기고 노릇한 색이 날 때까지 굽는다.

point
• 갓 완성한 수프는 아주 뜨거우므로 오븐 토스터에서 꺼낼 때 조심합니다!

11 완성. 뜨끈뜨끈한 수프를 즐겨 보시길!

Hachis Parmentier

다진 고기와 감자 그라탱

재료(2인분)

- 양파 ½개
  마늘 1쪽
  양송이버섯 3개
  다진 쇠고기(또는 다진 쇠고기
  +다진 돼지고기) 300g

•• 닭육수 100㎖
  감자 200g
  버터 30g
  우유 50㎖
  슈레드 치즈(좋아하는 치즈) 적당량
  소금, 후추, 식용유

파르망티에(Parmentier)는 18세기 프랑스에 감자를 널리 퍼트린 사람의 이름입니다. 그래서인지 프랑스의 감자 요리에는 파르망티에라는 단어가 자주 등장합니다.

'아시 파르망티에'는 세대를 초월하며 프랑스에서 사랑 받는 가정 요리로, 프랑스 국민 요리라 해도 과언이 아닙니다.

1 양파는 다진다.

2 마늘은 다지고 양송이버섯은 작게 깍둑썰기 한다.

3 프라이팬에 식용유를 약간 두르고 달구어 다진 고기를 덩어리째 그대로 넣고 볶는다.

point • 곱게 구운 색을 내기 위해 처음부터 고기를 풀지 않고 덩어리진 그대로 넣고 햄버거 스테이크를 굽듯이 구워서 색을 냅니다. 이런 방법으로 색을 내는 것이야말로 맛있는 그라탱을 만드는 포인트입니다.

4 고기가 잘 익어 색이 나면 덩어리진 고기를 풀어서 볶는다.

5 양파, 마늘, 양송이버섯을 넣고 소금, 후추로 간을 하여 가볍게 볶는다.

6 닭육수를 부어 끓인다.

point • 수분이 없어질 때까지 끓인 후 맛을 보고 소금으로 간을 맞춘다.

7 그라탱 용기에 고기를 평평하게 펼쳐 담는다.

8 감자는 껍질을 벗겨 큼직하게 깍둑썰기 해 냄비에 넣고 물을 부어 삶는다. 이때 찬물에서부터 삶는다.

다진 고기와 감자 그라탱

9 끓어오르면 13분 정도 더 삶아, 포크로 찔러서 푹 들어가면 불을 끄고 감자를 건져 체에 받쳐 물기를 뺀다.

10 뜨거울 때 감자 으깨기(매셔 masher)나 포크로 으깬다.

point
• 포크로도 쉽게 으깰 수 있습니다.

11 으깬 감자에 버터를 넣고 녹을 때까지 천천히 섞는다.

12 우유를 넣고, 소금으로 간을 맞춘 후 매끄러운 상태가 될 때까지 섞어 퓌레를 만든다.

13 ⑦의 그라탱 용기에 감자 퓌레를 채워 넣고 윗면을 평평하게 다듬는다.

14 슈레드 치즈를 뿌린다.

15 오븐 토스터에 넣고 노릇하게 색이 날 때까지 굽는다.

16 완성.

Chou chinois au jambon
화이트 소스의 배추 햄 그라탱

재료(한 번에 만들기 쉬운 분량)

- 배추 ½포기
  햄 4장(작은 크기면 8장)
  버터, 소금, 후추

- **화이트 소스**
  버터 40g
  박력분 30g
  우유 300㎖
  슈레드 치즈 30g
  소금 약간

'앙디브 오 장봉(Endives au jambon)'이라는 프랑스 요리가 있습니다. 아삭하게 씹는 느낌이 좋고 약간 쓴맛이 나는 잎채소인 앙디브(엔다이브)와 장봉(jambon, 프랑스어로 햄이라는 뜻)에 화이트 소스를 뿌려 굽습니다. 앙디브 대신 어디에서나 쉽게 구할 수 있는 배추로 대신 만들어보았습니다. 배추가 싸고 맛있는 가을부터 겨울철에 안성맞춤인 요리입니다.

1 배추의 심을 자르지 않고 그대로 4등분해 자른다. 소금, 후추를 뿌려 밑간 한다.

2 프라이팬에 버터를 넣고 녹여 배추를 넣고 굽는다.

3 조금씩 눌은 자국이 날 정도로 양면을 천천히 굽는다.

4 다 구운 배추를 프라이팬에서 꺼내고, 간이 잘 배지 않는 밑동 부분에 소금을 한 번 더 뿌린다.

5 도마 위에 햄을 펼쳐서 깐다. 크기가 작은 햄은 2장씩 겹쳐 놓고 펼친다.

6 햄 위에 배추를 올려 돌돌 만다.

7 그라탱 용기에 나란히 담는다.

8 화이트 소스를 만든다. 냄비에 버터를 넣고 녹인 후 박력분을 넣는다.

9 박력분이 흩어져 골고루 섞일 정도로 볶는다.

point
- 너무 꼼꼼하게 볶지 않아도 괜찮습니다.

화이트 소스의 배추 햄 그라탱

10 차가운 우유를 한꺼번에 넣는다.

11 거품기로 섞으면서 끓인다.

12 완전히 끓으면 치즈를 넣고 골고루 섞은 후, 소금을 넣고 간을 맞춰 화이트 소스를 완성한다.

13 ⑦ 위에 화이트 소스를 끼얹는다.

14 오븐 토스터에 넣고 약 15분 동안 굽는다.

15 윗면에 군데군데 눌은 자국이 생길 때까지 굽는다.

point
- 화이트 소스 위에 치즈를 한 번 더 뿌려서 구워도 좋습니다.

16 완성.

107

Galette bretonne complète

메밀 갈레트

재료(지름 24cm, 6장)

- 메밀가루 150g
  달걀(푼 것) 1개
  물 380㎖
  소금 3g

•• 슈레드 치즈 120g
  햄 6장
  달걀 6개
  소금, 후추, 식용유

프랑스에서 매년 2월 2일은 크레이프의 날입니다.
크리스마스로부터 정확히 40일 후인 2월 2일은 '라 샹들레르(La chandeleur, 성촉절)'라는 날로, 크레이프를 즐겨 먹습니다.
이번에 소개하는 크레이프 요리법은 프랑스 북서부 지방 브르타뉴(Bretagne)의 명물 '갈레트'로 100% 메밀가루로만 만드는 크레이프입니다. 갈레트는 동그랗고 얇은 것이라는 의미입니다.
메밀가루로만 만들기 때문에 밀가루 속 단백질인 글루텐이 들어 있지 않아 글루텐 알레르기가 있는 이들도 안심하고 먹을 수 있습니다.

메밀 갈레트

1 볼에 메밀가루, 달걀, 물, 소금을 넣고 거품기로 잘 섞는다.

2 프라이팬에 약간의 식용류를 바르고 달군다.

3 ①의 반죽을 붓고 표면에 구멍이 생기면 뒤집는다. 프라이팬을 높은 온도로 달구어야 갈레트 특유의 구멍이 송송 난 모양으로 완성할 수 있다.

4 치즈를 도넛 모양으로 올린다.

5 치즈의 도넛 모양 가운데에 달걀을 가만히 깨서 올리고 소금, 후추를 뿌린다.

6 달걀 주위에 햄을 올린다.

7 뚜껑을 덮어 달걀을 살짝 익힌다.

8 갈레트의 끝 부분을 접어 올려 모양을 만들어 접시에 담는다.

크로크 무슈

Croque-monsieur
크로크 무슈

크로크 무슈는 빵에 햄과 치즈를 끼워 넣고 구워서 완성하는 요리로,
화이트 소스를 더하기도 합니다.
카페 등에서 가벼운 식사로 많이 먹는 인기 메뉴입니다.

재료(2인분)

- 식빵 4장
  슬라이스 치즈 50g
  햄 2~3장
  슈레드 치즈 30g

•• **화이트 소스**
  버터 20g
  박력분 3작은술(12g)
  우유 150㎖
  소금 한 자밤

1 먼저 화이트 소스를 만든다. 프라이팬에 버터를 넣어 녹이고 박력분을 넣는다. 골고루 섞지 않고, 버터와 박력분이 대강 섞일 정도로만 볶는다.

2 우유를 한꺼번에 넣고 거품기로 섞으면서 끓인다. 한 번 끓어오르면 소금을 넣고 섞는다.

3 완성한 화이트 소스를 그릇에 옮겨 담는다.

4 프라이팬에 식빵을 넣고 양면이 노릇하도록 구워 낸 다음 ②의 화이트 소스를 바른다.

5 슬라이스 치즈와 햄을 올린다.

6 그 위에 다시 화이트 소스를 바르고 식빵을 올려 덮는다.

7 덮은 식빵의 윗면에도 화이트 소스를 바른다.

8 슈레드 치즈를 골고루 뿌린다.

크로크 무슈

9 프라이팬에 넣고 치즈가 녹고, 노릇해지도록 굽는다.

식빵 위에 달걀 프라이를 올려도 좋습니다. 이렇게 달걀 프라이를 올리면 '크로크 마담 Croque-madame' 이라고 부릅니다.

Pancakes salés de pommes de terre
짭짤한 감자 팬케이크

감자로 만드는 조금 색다른 팬케이크로 식감이 폭신폭신하며 달지 않은 맛입니다.
아침식사는 물론 간단한 식사로 제격입니다. 산뜻한 레몬 풍미의 크림을 곁들여 드세요.

짭짤한 감자 팬케이크

재료(2인분)

- 감자(껍질 벗긴 것) 250g

- 달걀 1개
  슈레드 치즈 30g
  우유 30㎖
  박력분 25g
  소금 ⅓작은술
  너트맥(있으면) 약간
  식용유

- 레몬 크림
  생크림 30㎖
  소금 한 자밤
  레몬즙 적당량
  차이브 또는 산파 등의 허브 적당량

1 감자는 깍둑썰기 한다. 프라이팬에 감자와 감자가 잠길 만큼의 물을 넣고 끓인다. 끓어오르면 뚜껑을 덮어 13분 동안 삶는다.

2 감자를 체에 밭쳐 물기를 완전히 빼고 그릇에 옮겨 담아 포크로 으깬다. 달걀을 깨어 넣고 잘 섞는다.

3 치즈를 넣고 섞은 후 우유를 넣는다. 박력분과 소금을 넣고 골고루 섞는다.

4 너트맥이 있으면 넣는다.

5 프라이팬에 식용유를 두르고 달구어 ④의 반죽을 넣고 굽는다.

point
- 너무 크면 뒤집기 어려우니 반죽 분량의 ¼정도만 넣고 구우면 적당합니다.

6 뚜껑을 덮고 약불에서 천천히 구워 어느 정도 모양이 잡히면 뒤집어서 굽는다.

7 작은 그릇에 생크림, 레몬즙, 소금을 넣고 거품기로 섞어 가볍게 거품을 올리고, 송송 썬 허브를 넣어 섞는다.

8 그릇에 팬케이크를 담고 ⑦의 레몬 크림을 곁들인다.

Tartines poulet-avocat au curry

닭고기 아보카도 타르틴

재료(2인분)

- 닭가슴살 1장

•• 방울토마토 4개
  아보카도 2개
  레몬즙 약간
  마요네즈 20g
  카레가루 ½작은술

••• 빵 4조각
  소금, 후추, 식용유

타르틴(Tartine)은 프랑스식 오픈 샌드위치를 일컫습니다.
닭고기와 카레를 조합한 샌드위치는 프랑스의 빵집에서 흔히 볼 수 있는 메뉴입니다. 아보카도를 듬뿍 넣어 푸짐하고 먹음직스러우며 출출할 때 재빠르게 만들어 바로 먹을 수 있어 아주 요긴합니다.

닭고기 아보카도 타르틴

1 닭가슴살에 소금, 후추를 뿌려 밑간한다. 프라이팬에 식용유를 두르고 달구어 닭가슴살을 넣고 굽는다.

2 전체적으로 노릇하게 익은 색이 나도록 중불에서 10분 정도 굽는다.

3 프라이팬에서 닭가슴살을 꺼내 알루미늄 포일로 감싸 여열로 천천히 닭가슴살 속까지 익게 둔다.

4 아보카도 한 개는 껍질 벗겨 씨를 빼내고 작게 썰어 그릇에 담고 마요네즈와 카레가루를 넣는다.

5 포크로 으깨어 아보카도 퓨레를 만든다.

6 남은 1개의 아보카도는 껍질 벗겨 씨를 빼내고 깍둑썰기 해 색이 변하지 않게 레몬즙을 뿌려 둔다.

7 빵에 ⑤의 아보카도 퓨레를 바른다.

8 ③의 닭고기를 깍둑썰기 하고, 방울토마토는 꼭지를 떼고 8등분 한다. ⑦의 빵 위에 닭고기, 방울토마토, ⑥의 아보카도를 보기 좋게 색을 맞춰 올린다.

9 완성.

point
- 기호에 따라 소금, 후추를 뿌리고 산파 등의 허브를 작게 썰어 올려도 맛있습니다.

과일을 곁들인 프렌치 토스트

Pain perdu
과일을 곁들인 프렌치 토스트

프랑스에서는 프렌치 토스트를 '팽 페르뒤(Pain perdu)'라고 부릅니다.
팽은 빵, 페르뒤는 상실된, 버려진 이라는 의미입니다. 전날 먹고 남은, 말라서
딱딱해진 빵이 프라이팬 위에서 맛있는 아침식사와 디저트로 새롭게 태어납니다.
이 레시피에서는 바게트를 사용했지만 식빵으로 만들어도 맛있습니다.

과일을 곁들인 프렌치 토스트

재료(2인분)

- 바게트 4조각
  달걀 1개
  설탕 20g
  우유 50ml
  바닐라 에센스 약간

- 버터 2큰술
  생크림 30ml
  좋아하는 과일(블루베리, 라즈베리 등) 적당량

1 널찍한 그릇에 달걀, 설탕, 우유를 넣고 섞는다.

2 바닐라 에센스를 넣고 섞는다.

3 ②에 바게트를 넣어 적신다. 도중에 뒤집어서 30분 정도 담근다.

4 달걀물이 빵에 모두 흡수될 때까지 둔다.

5 프라이팬에 버터를 넣고 녹인 후 ④의 빵을 넣어 약불에서 굽는다.

point
- 센 불에서 구우면 타기 쉬우므로 주의합니다.

6 먹음직스럽게 노릇노릇한 색이 날 때까지 천천히 굽는다.

7 작은 그릇에 생크림과 설탕 ½작은술(분량 외)을 넣고 거품기로 섞어 거품을 올린다.

8 접시에 프렌치 토스트, ④의 생크림, 과일을 보기 좋게 담는다.

Column

양파 썰기의 기본

1 양파는 길이로 반 잘라 사진처럼 심을 제거한다.

2 양파를 썰기 시작할 때 칼로 3~4군데 칼집을 낸다. 이렇게 하면 썰기 시작하는 부분까지 잘게 썰 수 있다. 칼집을 내지 않은 경우에는 마지막 사진처럼 처음에 썬 부분이 큼직한 조각이 된다.

3 마지막에 썰어야 하는 부분이 얼마 남지 않으면, 양파를 눕혀서 넓은 면을 아래로 가게 놓고 썬다.

Partie 5

Dessert

디저트

프랑스에는 '디저트가 없으면 식사는 끝나지 않는다'라는 말이 있습니다. 식사의 마지막에는 반드시 디저트를 먹어야 할 정도로 프랑스 사람들은 단 것을 아주 좋아합니다. 디저트는 케이크류에 한정되어 있지 않고, 프레시 치즈에 꿀이나 과일 소스를 뿌린 것, 계절 과일 등 여러 가지가 있습니다.

프랑스에서 케이크나 구움과자는 대부분 빵집에서 판매합니다.

프랑스 어디든 주변 100미터 이내에서 두 세 곳의 빵집은 쉽게 찾을 수 있는데, 빵뿐 아니라 케이크 종류도 취급하는 것이 일반적입니다.

케이크나 구움과자 중에는 프랑스의 축일을 기념하며 먹는 문화적 의미를 지닌 것도 있습니다.

새해에 먹는 갈레트 데 루와(Galette des rois), 샹들레르(성촉절)에 먹는 크레이프(Crêpe), 마르디 그라(Mardi gras)에 먹는 베녜(Beignet), 그리고 크리스마스에 먹는 뷔슈 드 노엘(Bûche de Noël) 등이 여기에 속합니다. 계절마다 행사에 맞는 케이크나 구움과자가 가게에 진열됩니다. 우리에게는 밸런타인 데이가 초콜릿의 날이라고 해도 과언이 아니지만, 프랑스에서 초콜릿이 거리에 넘쳐나는 날은 부활절입니다. 달걀이나 토끼 모양의 초콜릿이 슈퍼마켓부터 빵집, 그리고 과자가게를 가득 채웁니다.

- 샹들레르(La chandeleur)는 아기 예수의 봉헌과 성모 마리아의 정결례를 기념하는 가톨릭 축일로 2월 2일이다.
  마르디 그라(Mardi gras)는 비옥한 화요일이라는 뜻으로 사육제의 마지막 날을 말한다.

Mousse au chocolat
초콜릿 무스

비스트로의 단골 디저트로 인기가 많습니다. 달걀 머랭의 거품이 꺼지지 않도록 재빠르고 가볍게 섞어야 폭신하고 부드러운 식감을 낼 수 있습니다.

초콜릿 무스

재료(4인분)

- 다크 초콜릿(카카오 함량 50~60%) 100g
  우유 35㎖
  생크림 80㎖
  달걀 흰자 35g(약 1개)
  설탕 7g

1 그릇에 잘게 다진 다크 초콜릿과 우유를 넣는다.

2 끓인 물을 넣은 용기 위에 ①의 그릇을 올려 중탕으로 초콜릿을 녹인다.

3 다른 그릇에 생크림을 넣고 거품기로 저어 80%로 정도 거품을 올린다.

4 또 다른 그릇에 달걀 흰자를 넣고 거품기로 저어 거품을 올린다.

5 ④에 어느 정도 거품이 나면 설탕을 한꺼번에 넣고 다시 거품을 올려 흰자 머랭을 만든다.

6 ③의 생크림에 ②의 녹인 초콜릿을 넣고 고무 주걱으로 살살 섞는다.

7 ⑤의 머랭을 ⑥에 ½분량씩 넣고 거품이 꺼지지 않도록 주의하며 고무 주걱으로 섞는다.

8 완성 그릇에 담아 냉장실에 넣어 완전히 차갑게 식힌다.

Banane flambée au caramel
캐러멜 바나나 플랑베

독주인 럼을 넣고 플랑베 하여 향을 즐길 수 있게 완성했습니다.
플랑베를 할 때 프라이팬에서 불길이 솟아 사람들에게 보는 즐거움을 선사하므로
흥을 돋우는 손님 접대 메뉴로 활용하기에 아주 훌륭합니다.

캐러멜 바나나 플랑베

재료(1인분)

- 바나나 1개
  설탕 20g
  버터 5g
  럼 20㎖
  물 50㎖
  아이스크림, 피스타치오 각 적당량

1 바나나는 껍질을 벗겨 길게 반으로 가르고 길이도 반으로 썬다.

2 프라이팬에 설탕을 넣고 불에 올린다.

3 설탕을 녹여 살짝 캐러멜 상태가 될 때까지 가열한다.

4 ③의 프라이팬에 버터, 바나나를 넣고 구워 노릇하게 색을 낸다.

point
- 캐러멜이 매우 뜨거우므로 손으로 만지지 않도록 주의합니다!

5 바나나의 한쪽 면에 노릇하게 색이 나면 뒤집는다.

6 럼주를 넣고 플랑베 한다.

point
- 럼주를 넣고 프라이팬을 살짝 기울여 가스불이 프라이팬 안쪽에 닿게 하면, 알코올에 불이 붙어 불길이 솟아 오릅니다.

7 바나나를 그릇에 옮겨 담는다. 프라이팬에 물을 넣고 남아 있는 캐러멜을 녹여 바나나 위에 뿌린다.

8 바나나 위에 아이스크림을 모양내어 올리고 다진 피스타치오를 뿌려 장식한다.

Mendiants au chocolat
망디안

재료(지름 3~4cm, 24개)

- 다크 초콜릿 또는 밀크 초콜릿 200g
  좋아하는 견과류, 마른 과일 4~5종류
  적당량

망디안(Mendiants)은 초콜릿에 견과류와 마른 과일을 올려 굳힌 것으로, 모양이 예뻐 주변 사람들과 나누어 먹고, 밸런타인 데이 같은 날에 선물하기에도 좋은 아이템입니다. 실내 온도를 25℃로 유지하여 초콜릿을 녹이는 온도에 주의하면 깔끔하게 굳힐 수 있습니다.

주의사항 *Attention*

초콜릿을 녹인 후 냉장실에 넣어 차갑게 식혀 굳히면 상온에 꺼냈을 때 아주 쉽게 녹습니다. 초콜릿이 완전히 굳어서 상온에서 손으로 집어도 잘 녹지 않고, 초콜릿의 지방분도 묻어 나오지 않도록 맛있게 굳히기 위해서 '템퍼링'이라는 작업이 필요합니다. 이 레시피에서는 간단하고 잘 실패하지 않는 '시드 템퍼링'이라는 방법(시드 즉, 초콜릿 가루를 넣어 결정을 곱게 만드는 방법)을 사용합니다. 초콜릿 가공은 온도가 아주 중요합니다. 에어컨으로 실내 온도를 25℃로 유지하고, 너무 춥거나 너무 더운 장소에서 작업을 하지 않도록 합니다. 템퍼링에 성공하면, 초콜릿을 종이 위에 올려 10~20분 동안 두었다가 떼어낼 때, 초콜릿이 깔끔하게 굳어 종이에서 잘 떨어집니다.

1 초콜릿을 150g과 50g으로 나눈다.

2 초콜릿 150g을 굵게 다진다.

3 초콜릿 50g을 가능한 한 잘게 다진다.

4 견과류와 마른 과일을 준비해 큰 것은 작게 썬다. 유산지도 미리 준비한다.

5 ②의 굵게 다진 초콜릿을 50~60℃의 물에 올려 중탕으로 녹인다. 녹이는 도중 초콜릿에 물이 들어가 가지 않아야 한다. 초콜릿이 담긴 그릇보다 약간 작은 용기에 물을 넣으면 작업하기 편하다.

6 초콜릿이 모두 녹으면 약 45℃가 되는데, 이때 중탕 용기에서 그릇을 빼낸다. 만약 초콜릿이 거의 녹은 상태의 온도가 45℃보다 높으면 중탕 용기에서 미리 볼을 꺼내 초콜릿을 섞으면서 식힌다.

7 ③의 잘게 다진 초콜릿을 넣는다.

8 초콜릿 전체를 골고루 섞어 2분간 그대로 둔다.

9 다시 초콜릿을 섞으면서 녹여 32℃로 온도를 내린다. 온도가 너무 많이 내려갔을 경우에는 50~60℃의 물에 그릇을 올려 다시 중탕하여 온도를 32℃까지 올린다.

망디안

10 숟가락으로 초콜릿을 떠서 유산지 위에 동그랗게 모양 내어 펼쳐 올린다. 24개 정도 만들면 적당한 양이다.

11 초콜릿 위에 견과류, 말린 과일을 재빠르게 올린다.

12 상온에서 완전히 굳을 때까지 그대로 둔다.

point
- 다 굳으면 유산지에서 깔끔하게 떼어 낼 수 있습니다.

13 완성.

point
- 예쁘게 포장하면 선물하기도 아주 좋습니다.

131

Bûche de Noël

뷔슈 드 노엘

재료(지름 12cm X 높이 10cm)

- 달걀 3개
  설탕 50g
  우유 180㎖
  박력분 120g
  베이킹 파우더 1작은술
  식용유 약간

- **초콜릿 크림**
  다크 초콜릿 150g
  생크림 250g

프랑스어로 '뷔슈(Bûche)'는 나무, 통나무 라는 뜻이고, '노엘(Noël)'은 크리스마스를 의미합니다. 뷔슈 드 노엘은 이름처럼 장작(나무 그루터기)모양을 본 떠 만든 프랑스의 크리스마스 케이크입니다. 오븐이 없어도 가족끼리 즐겁게 케이크를 만들 수 있도록, 프라이팬으로 만들 수 있는 레시피를 소개합니다.

1 달걀을 깨서 두 개의 그릇에 노른자와 흰자를 나누어 넣는다. 달걀 흰자는 냉동실에 넣어 차갑게 식힌다.

2 달걀 노른자에 설탕 20g을 넣고 거품기로 잘 섞는다.

3 우유를 넣는다.

4 박력분과 베이킹 파우더를 섞어 체에 내려 ③에 넣고 덩어리지지 않게, 골고루 섞일 때까지 잘 섞는다.

5 달걀 흰자를 냉동실에서 꺼내 거품을 올린다. 거품이 약간 오르면 설탕을 15g씩 나누어 두 번 넣고 다시 거품을 올려 머랭을 만든다.

6 뾰족하게 뿔이 설 때까지 거품을 올린다.

- 머랭이 너무 단단해질 때까지 거품을 올리지 않도록 합니다. 머랭을 만들 때에는 플라스틱 그릇은 쓰지 않고 스테인리스나 유리 그릇을 사용하면 거품을 더 수월하게 올릴 수 있습니다.

point

7 ④의 반죽과 ⑥의 머랭을 섞는다. 머랭은 반씩 나눠서 넣는다.

8 머랭 거품이 꺼지지 않도록 주걱으로 반죽을 떠올리듯 전체를 가볍게, 큼직하게 저어 섞는다.

뷔슈 드 노엘

9 키친타월에 식용유를 묻혀 달군 프라이팬에 얇게 펴 바르고 ⑧ 반죽의 ⅓분량을 붓는다.

10 뚜껑을 덮어 약불에서 익힌다.

11 반죽이 어느 정도 익어 모양이 잡히고, 곱게 노릇한 색이 나면 뒤집는다.

12 뒤집어서 조금 더 굽는다.

point
- 9~12 과정을 3번 반복해 3장의 팬케이크를 만들어 접시에 쌓아 담고 랩을 씌워 식힌다.

초콜릿 크림 만드는 방법

1 그릇에 잘게 다진 다크 초콜릿을 넣고 중탕으로 녹인다.

2 ①의 초콜릿에 차가운 생크림을 대략 ¼분량씩 넣는다.

3 생크림을 넣을 때마다 골고루 잘 섞는다.

4 초콜릿 크림이 알맞은 느낌의 굳기가 될 때까지 잘 섞어 거품을 올린다.

point
- 거품을 너무 과하게 올리면 크림이 뻑뻑하고 수분이 부족한 상태가 되므로 적당하게 거품을 올립니다.

케이크 완성하기

1 팬케이크의 양쪽 끝을 잘라내고 반으로 자른다.

2 초콜릿 크림을 펴 바른다.

3 초콜릿 크림을 바른 팬케이크를 돌돌 만다. 다른 팬 케이크 위에 초콜릿 크림을 바르고 돌돌 만 팬케이크를 올려 함께 돌돌 만다. 이 과정을 반복한다.

4 손으로 눌러서 모양을 잡는다.

5 케이크를 모두 말았으면, 바깥쪽에 초콜릿 크림을 바른다.

6 숟가락이나 포크로 초콜릿 크림을 다듬어 나무 그루터기의 질감을 표현한다.

point • 잘게 부순 비스킷과 코코아 파우더를 섞어 흙을 표현하고, 아몬드 슬라이스를 케이크에 꽂거나, 다진 피스타치오를 뿌려 이끼를 만들고, 머랭으로 버섯을 만드는 등 자유롭게 장식합니다.

7 완성.

가정에서 프랑스 요리를 맛있게 만들려면

요리를 맛있게 만드는 포인트, 그 중 하나는 바로 '구워서 색을 내는 것'입니다.

재료를 구워 색을 내는 과정은 요리의 향과 맛에 큰 영향을 줍니다. 높은 온도에서 재료의 표면을 구우면 마이야르 반응(Maillard reaction 가열 등으로 당과 아미노산이 반응해 갈색을 띠는 현상)이 일어나 요리의 향과 맛이 깊어집니다.

재료가 익어도 색깔이 충분히 나지 않으면 맛도 부족하다고 느끼는 경우가 있습니다. 특히 아시아 사람들은 그렇게 느끼는 경우가 많을 것입니다. 그 이유 중의 하나는 우리가 흔히 사용하는 간장이라고 말할 수 있습니다. 간장은 오랜 시간 조금씩 일어나는 마이야르 반응을 이용해 만든 것으로, 요리에 조금 넣는 것만으로도 향과 맛에 깊이를 더해주는 편리한 조미료입니다.

프랑스 요리는 간장을 사용하지 않기 때문에 그 대신 고기를 충분히 구워 노릇하게 색을 내거나, 프라이팬에서 구운 후에 생긴 쉭(Suc)을 이용하거나, 양파를 반투명한 갈색이 날때까지 볶거나, 고기의 뼈와 힘줄, 고기 부스러기를 높은 온도에서 구운 후 국물을 우려내는 방법 등으로 마이야르 반응을 활용합니다.

또, 한 가지 중요한 포인트는 요리의 소금간을 맞추는 것입니다.

사람에게 적절한 요리의 소금간은 0.8~1.2% 전후입니다. 100g의 고기에 뿌리는 소금은 0.8~1g인데 만약 2g을 뿌리면 너무 짜서 먹을 수 없게 되어버립니다. 그 정도로 사람의 혀는 소금에 민감합니다.

재료에 미리 소금을 뿌려 밑간을 하는 것도 중요합니다. 끓이는 시간이 짧은 요리일 경우에는 마지막에 한꺼번에 소금을 넣으면 재료에 간이 배지 않습니다. 그러므로 재료에 미리 소금간을 하고, 국물을 부은 후 국물에도 소금간을 하도록 합니다.

커다란 덩어리 고기일 경우에는 고기 속까지 소금간이 배지 않기 때문에 요리 완성 후 잘라서 그릇에 담고 소금을 추가로 뿌리는 경우도 있습니다. 소금은 요리를 맛있게도 하고, 망치기도 합니다.

노릇하게 구워 색을 내는 것과 소금간을 맞추는 것. 이 두 가지를 항상 생각하면서 여러분의 음식을 만들어 보길 바랍니다.

집에서 만드는 프랑스 요리가 한 층 더 맛있어질 것입니다.

요리 이름(가나다 순)

ㄱ

고등어 에스카베슈 ··· 070
과일을 곁들인 프렌치 토스트 ··· 119

ㄷ

다진 고기와 감자 그라탱 ··· 100
닭가슴살 에튀베 ··· 022
닭고기 갈랑틴 ··· 018
닭고기 아보카도 타르틴 ··· 116
닭고기 크림 스튜 ··· 014
당근 라페 ··· 084
돼지 등심 샤퀴티에르 ··· 026
돼지 삼겹살 브레제 ··· 030

ㄹ

렌즈콩 샐러드 ··· 086
로스트 비프 ··· 040

ㅁ

망디안 ··· 128
메밀 갈레트 ··· 108

ㅂ

바닷가재 집게다리살 발라내는 법 ··· 060
바닷가재 테르미도르 ··· 056
버섯 마리네 ··· 082
뷔슈 드 노엘 ··· 132
비에르주 소스의 농어 구이 ··· 062

ㅅ

쇠고기포레스티에 ··· 045
시드르를 넣은 돼지고기 소테 ··· 032

ㅇ

양고기 타진 ··· 048
양파 레드 와인 소스의 쇠고기스테이크 ··· 036

어니언 수프 ··· 096
연어 블랑케트 ··· 064
오렌지 향의 관자 구이 ··· 068

ㅈ

짭짤한 감자 팬케이크 ··· 114

ㅊ

초콜릿 무스 ··· 124

ㅋ

카나페 - 가지로 만든 캐비아 ··· 078
카나페 - 타프나드 ··· 077
카나페 - 홈메이드 프레시 치즈 ··· 080
카르파초 샐러드 ··· 090
캐러멜 바나나 플랑베 ··· 126
쿠스쿠스 샐러드 ··· 088
크로크 무슈 ··· 111

ㅍ

프로방스 스타일의 도미찜 ··· 052

ㅎ

홀그레인 머스터드 소스의 닭다리살 구이 ··· 024
홈메이드 프렌치 드레싱 ··· 092
화이트 소스의 배추 햄 그라탱 ··· 104

재료(종류별)

육류, 달걀

다진 고기(소, 돼지)
　　닭고기 갈랑틴 … 018
달걀
　　닭고기 갈랑틴 … 018
　　메밀 갈레트 … 108
　　짭짤한 감자 팬케이크 … 114
　　과일을 곁들인 프렌치 토스트 … 119
　　초콜릿 무스 … 124
　　뷔슈 드 노엘 … 132
닭고기
　• 가슴살
　　닭가슴살 에튀베 … 022
　　닭고기 아보카도 타르틴 … 116
　• 다리살
　　닭고기 크림 스튜 … 014
　　닭고기 갈랑틴 … 018
　　홀그레인 머스터드 소스의
　　닭다리살 구이 … 024
　• 닭육수
　　쇠고기 포레스티에 … 045
　　어니언 수프 … 096
　　다진 고기와 감자 그라탱 … 100
　• 닭육슈 큐브
　　시드르를 넣은 돼지고기 소테 … 032
돼지고기
　• 등심(슬라이스)
　　돼지 등심 샤퀴티에르 … 026
　• 목살(덩어리)
　　시드르를 넣은 돼지고기 소테 … 032
　• 삼겹살(덩어리)
　　돼지 삼겹살 브레제 … 030
쇠고기
　• 구이나 볶음용
　　쇠고기 포레스티에 … 045

• 다진 쇠고기
　　다진 고기와 감자 그라탱 … 100
• 덩어리살(설도, 치마살, 안심 등)
　　로스트 비프 … 040
• 비프 콩소메
　　쇠고기 포레스티에 … 045
　　어니언 수프 … 096
• 스테이크용
　　양파 레드 와인 소스의 쇠고기
　　스테이크 … 036
양고기
　• 어깨살
　　양고기 타진 … 048
　• 다리살
　　양고기 타진 … 048

해산물

가리비 관자
　　오렌지 향 관자구이 … 068
고등어
　　고등어 에스카베슈 … 070
농어
　　비에르주 소스의 농어 구이 … 062
도미
　　프로방스 스타일의 도미찜 … 052
바닷가재
　　바닷가재 테르미도르 … 056
안초비 필레
　　카나페 타프나드 … 077
연어
　　연어 블랑케트 … 064
흰 살 생선
　　카르파초 샐러드 … 090

유제품

버터
　　닭가슴살 에튀베 … 022
　　돼지 등심 샤퀴티에르 … 026
　　양파 레드 와인 소스의 쇠고기
　　스테이크 … 036
　　로스트 비프 … 040
　　바닷가재 테르미도르 … 056
　　연어 블랑케트 … 064
　　오렌지 향 관자구이 … 068
　　어니언 수프 … 096
　　다진 고기와 감자 그라탱 … 100
　　화이트 소스의 배추 햄 그라탱 …
　　104
　　크로크 무슈 … 111
　　과일을 곁들인 프렌치 토스트 … 119
　　캐러멜 바나나 플랑베 … 126
생크림
　　닭고기 크림 스튜 … 014
　　쇠고기 포레스티에 … 045
　　연어 블랑케트 … 064
　　카나페 홈메이드 프레시 치즈 … 080
　　짭짤한 감자 팬케이크 … 114
　　과일을 곁들인 프렌치 토스트 … 119
　　초콜릿 무스 … 124
　　뷔슈 드 노엘 … 132
아이스크림
　　캐러멜 바나나 플랑베 … 126
우유
　　바닷가재 테르미도르 … 056
　　카나페 홈메이드 프레시 치즈 … 080
　　다진 고기와 감자 그라탱 … 100
　　화이트 소스의 배추 햄 그라탱 … 104
　　크로크 무슈 … 111
　　짭짤한 감자 팬케이크 … 114
　　과일을 곁들인 프렌치 토스트 … 119

초콜릿 무스 … 124
뷔슈 드 노엘 … 132
슈레드 치즈
　바닷가재 테르미도르 … 056
　다진 고기와 감자 그라탱 … 100
　화이트 소스의 배추 햄 그라탱 … 104
　메밀 갈레트 108
　크로크 무슈 111
　짭짤한 감자 팬케이크 … 114
슬라이스치즈
　크로크 무슈 … 111
치즈
　어니언 수프 … 096

채소, 과일, 견과류

가지
　카나페 가지로 만든 캐비아 … 078
감자
　양파 레드 와인 소스의 쇠고기 스테이크 … 036
　로스트 비프 … 040
　다진 고기와 감자 그라탱 … 100
　짭짤한 감자 팬케이크 … 114
견과(여러 가지)
　망디안 … 128
당근
　로스트 비프 … 040
　양고기 타진 048
　당근 라페 084
대파 또는 푸아로(프랑스 대파)
　오렌지 향 관자구이 … 068
레몬즙
　닭고기 크림 스튜 … 014
　비에르주 소스의 농어 구이 … 062
　카나페 타프나드 … 077

카나페 홈메이드 프레시 치즈 … 080
쿠스쿠스 샐러드 … 088
짭짤한 감자 팬케이크 … 114
닭고기 아보카도 타르틴 … 116
렌즈콩
　렌즈콩 샐러드 … 086
마늘
　닭고기 크림 스튜 … 014
　돼지 삼겹살 브레제 … 030
　시드르를 넣은 돼지고기 소테 … 032
　로스트 비프 … 040
　쇠고기 포레스티에 … 045
　양고기 타진 … 048
　프로방스 스타일의 도미찜 … 052
　고등어 에스카베슈 … 070
　카나페 가지로 만든 캐비아 … 078
　카나페 홈메이드 프레시 치즈 … 080
　버섯 마리네 … 082
　어니언 수프 … 096
　다진 고기와 감자 그라탱 … 100
마른 과일
　양고기 타진 … 048
　망디안 … 128
바나나
　캐러멜 바나나 플랑베 … 126
방울토마토
　돼지 등심 샤퀴티에르 … 026
　프로방스 스타일의 도미찜 … 052
　닭고기 아보카도 타르틴 … 116
배추
　화이트 소스의 배추 햄 그라탱 … 104
버섯(여러 가지)
　닭가슴살 에튀베 (표고버섯, 양송이버섯 등) … 022
　쇠고기 포레스티에 … 045
　버섯 마리네 … 082
베이비 당근

홀그레인 머스터드 소스의 닭다리살 구이 … 024
돼지 삼겹살 브레제 … 030
베이비 채소
　홀그레인 머스터드 소스의 닭다리살 구이 … 024
　바닷가재 테르미도르 … 056
블랙 올리브
　프로방스 스타일의 도미찜 … 052
　카나페 타프나드 … 077
샐러드 채소(꽃상추, 베이비 채소 등)
　카르파초 샐러드 … 090
시금치
　연어 블랑케트 … 064
아보카도
　닭고기 아보카도 타르틴 … 116
양송이버섯
　닭고기 크림 스튜 … 014
　바닷가재 테르미도르 … 056
　연어 블랑케트 … 064
　다진 고기와 감자 그라탱 … 100
양파
　닭고기 크림 스튜 … 014
　돼지 등심 샤퀴티에르 … 026
　돼지 삼겹살 브레제 … 030
　시드르를 넣은 돼지고기 소테 … 032
　양파 레드 와인 소스의 쇠고기 스테이크 … 036
　로스트 비프 … 040
　쇠고기 포레스티에 … 045
　양고기 타진 … 048
　프로방스 스타일의 도미찜 … 052
　바닷가재 테르미도르 … 056
　비에르주 소스의 농어 구이 … 062
　연어 블랑케트 … 064
　고등어 에스카베슈 … 070
　렌즈콩 샐러드 … 086

어니언 수프 … 096
다진 고기와 감자 그라탱 … 100
오렌지
　오렌지 향 관자구이 … 068
　당근 라페 … 084
오이
　쿠스쿠스 샐러드 … 088
잣
　양고기 타진 … 048
적양파
　쿠스쿠스 샐러드 … 088
콜리플라워
　닭가슴살 에튀베 … 022
토마토
　비에르주 소스의 농어 구이 … 062
　쿠스쿠스 샐러드 … 088
파프리카(빨간색)
　고등어 에스카베슈 … 070
피스타치오
　닭고기 갈랑틴 … 018
　캐러멜 바나나 플랑베 … 126

허브, 스파이스

고수
　양고기 타진 … 048
너트맥
　짭짤한 감자 팬케이크 … 114
딜
　비에르주 소스의 농어 구이 … 062
　카나페 홈메이드 프레시 치즈 … 080
　짭짤한 감자 팬케이크 … 114
로즈메리
　로스트 비프 … 040
민트잎
　쿠스쿠스 샐러드 … 088

바질
　비에르주 소스의 농어 구이 … 062
산파
　카나페 홈메이드 프레시 치즈 … 080
　짭짤한 감자 팬케이크 … 114
이탈리안 파슬리
　시드르를 넣은 돼지고기 소테 … 032
　비에르주 소스의 농어 구이 … 062
　쿠스쿠스 샐러드 … 088
차이브
　닭고기 크림 스튜 … 014
　카나페 홈메이드 프레시 치즈 … 080
　짭짤한 감자 팬케이크 … 114
타임
　카나페 가지로 만든 캐비아 … 078
파슬리
　양파 레드 와인 소스의 쇠고기 스테이크 … 036
　쇠고기 포레스티에 … 045
　프로방스 스타일의 도미찜 … 052
　버섯 마리네 … 082
　렌즈콩 샐러드 … 086
페페론치노
　고등어 에스카베슈 … 070

가공식품

다크초콜릿
　초콜릿 무스 … 124
　뷔슈 드 노엘 … 132
메밀가루
　메밀 갈레트 … 108
밀가루(박력분)
　닭고기 크림 스튜 … 014
　돼지 등심 샤퀴티에르 … 026
　시드르를 넣은 돼지고기 소테 … 032

로스트 비프 … 040
쇠고기 포레스티에 … 045
바닷가재 테르미도르 … 056
연어 블랑케트 … 064
고등어 에스카베슈 … 070
어니언 수프 … 096
화이트 소스의 배추 햄 그라탱 … 104
크로크 무슈 … 111
짭짤한 감자 팬케이크 … 114
뷔슈 드 노엘 … 132
베이킹 파우더
　뷔슈 드 노엘 … 132
시나몬 파우더
　양고기 타진 … 048
초콜릿
　망디안 … 128
초콜릿크림
　뷔슈 드 노엘 … 132
카레가루
　닭고기 아보카도 타르틴 … 116
케이퍼
　프로방스 스타일의 도미찜 … 052
　카나페 타프나드 … 077
코니숑
　돼지 등심 샤퀴티에르 … 026
터메릭 파우더
　양고기 타진 … 048

햄

렌즈콩 샐러드 … 086
화이트 소스의 배추 햄 그라탱 … 104
메밀 갈레트 … 108
크로크 무슈 … 111

파스타, 빵류

바게트
  카나페 타프나드 … 077
  카나페 가지로 만든 캐비아 … 078
  카나페 홈메이드 프레시 치즈 … 080
  어니언 그라탱수프 … 096
  과일을 곁들인 프렌치 토스트 … 119
밥
  쇠고기 포레스티에 … 045
빵
  닭고기 아보카도 타르틴 … 116
쇼트 파스타(펜네, 푸질리 등)
  시드르를 넣은 돼지고기 소테 … 032
식빵
  크로크 무슈 … 111
쿠스쿠스
  양고기 타진 … 048
  쿠스쿠스 샐러드 … 088

페투치네
  닭고기 크림 스튜 … 014

소스, 오일, 액체류

견과류 오일(또는 호두유 등)
  홈메이드 프렌치 드레싱 … 092
디종 머스터드
  돼지 등심 샤퀴티에르 … 026
  홈메이드 프렌치 드레싱 … 092
럼
  캐러멜 바나나 플랑베 … 126
레드 와인
  양파 레드 와인 소스의 쇠고기 스테이크
  … 036
마요네즈

닭고기 아보카도 타르틴 … 116
바닐라 에센스
  과일을 곁들인 프렌치 토스트 … 119
발사믹식초
  닭고기 갈랑틴 … 018
사과 식초
  홈메이드 프렌치 드레싱 … 092
시드르(쌉쌀한 맛)
  시드르를 넣은 돼지고기 소테 … 032
식초
  고등어 에스카베슈 … 070
  버섯 마리네 … 092
  당근 라페 … 084
엑스트라 버진 올리브 오일
  비에르주 소스의 농어 구이 … 062
  카나페 타프나드 … 077
  카르파초 샐러드 … 090
올리브 오일
  양고기 타진 … 048
  프로방스 스타일의 도미찜 … 052
  고등어 에스카베슈 … 070
  카나페 가지로 만든 캐비아 … 078
  버섯 마리네 … 082
  쿠스쿠스 샐러드 … 088
유채유
  홈메이드 프렌치 드레싱 … 092
홀그레인 머스터드
  홀그레인 머스터드 소스의 닭다리살
  구이 … 024
화이트 와인
  닭고기 크림 스튜 … 014
  닭가슴살 에튀베 … 022
  홀그레인 머스터드 소스의 닭다리살
  구이 … 024
  돼지 등심 샤퀴티에르 … 026
  돼지 삼겹살 브레제 … 030
  프로방스 스타일의 도미찜 … 052

연어 블랑케트 … 064
고등어 에스카베슈 … 070

책 속의 용어 정리

- **난반즈케** … 071
  전분을 묻혀 기름에 튀긴 생선살에 여러가지 채소와 새콤달콤한 간장 양념으로 초절임하여 만드는 요리

- **디종 머스터드** … 027
  와인으로 유명한 프랑스 부르고뉴의 디종 지방에서 전통적인 제법으로 만드는 페이스트 형태의 머스터드입니다. 브라운 머스터드(흑겨자)의 씨만 사용하거나, 기름을 제거하지 않은 황겨자의 씨를 분쇄해 거른 것에 식초와 소금을 넣어서 만듭니다.

- **뵈르 마니에(beurre manié)** … 041, 065
  녹이거나 부드럽게 푼 버터와 밀가루를 섞은 것. 소스 등에 농도를 낼 때 사용합니다.

- **브라스리(Brasserie)** … 097
  맥주를 마시는 선술집을 말한다. 1850년 이전 이 명칭은 맥주양조장을 뜻했다. 오늘날 브라스리는 맥주 등의 음료를 서빙하는 카페-레스토랑과 같은 의미로 쓰이고 있다.

- **쉭과 데글라세** … 029
  무쇠나 스테인리스 프라이팬, 스킬렛에 고기를 구우면, 굽는 동안 프라이팬에 육즙이 떨어져, 갈색의 눌은 자국이 되어 남습니다. 이 눌은 것을 '쉭(Suc)'이라고 부르는 데 감칠맛의 근원입니다. 프라이팬에 액체를 붓고 쉭을 끓여 녹이는 것을 '데글라세(Déglacer)'라고 합니다. 쉭을 데글라세하여 소스를 만드는 조리방법은 프랑스 요리의 기초입니다.

- **시드르** … 035
  프랑스 북부 노르망디 지방의 술로 포도 대신 사과를 발효하여 만듭니다.
  돼지고기 외에도 트리프(Tripe 내장), 닭고기, 고등어 등과 함께 요리해도 잘 어울립니다. 미세한 거품이 나는 약발포성 술로 마시기 좋아서, 요리에 사용하고 남은 시드르는 식사에 곁들여 함께 즐겨도 좋습니다!

- **에르브 드 프로방스(Herbes de provence)** … 079
  세이보리, 로즈메리, 오레가노, 타임, 바질같은 말린 허브를 일정한 비율로 섞은 것을 말한다. 이럴 때 저럴 때 사용하곤 한다. 온라인 쇼핑몰에서 해외 상품을 쉽게 구할수 있다

- **에스카베슈와 마리네마리네(Mariné)** … 073
  절이다 라는 의미로 식초나 레몬즙 등으로 만든 절임액에 식재료를 재우는 조리법입니다. 에스카베슈(Escabéche)는 생선을 기름에 튀겨 익힌 후 마리네 한것으로 산미가 깃들어 산뜻한 맛이 특징입니다.

- **에튀베와 브레제** … 023
  에튀베(Étuver)와 같은 찌는 조리법으로 브레제(Braiser, 영어의 브레이징brasing, 30쪽 참조)가 있습니다. 에튀베는 채소 등의 수분, 또는 적은 양의 수분을 가지고 찌듯이 익히는 방법이고, 브레제는 삶는 것보다는 적은 양의 수분으로 찌듯이 익히는 방법입니다.

- **캐러멜화** … 029
  보통 캐러멜라이징, 캐러멜리제 등으로도 표현한다. 식재료를 충분히 가열해 구수한 향과 옅은 갈색(캐러멜색)을 내는 것을 말한다.

- **코니숑** … 027
  인도가 원산지인 작은 오이로 만든 피클을 말하며, 식초에 허브나 향신료 등을 첨가한 조미액에 담가 절여서 만듭니다.

느긋하고 포근해, 우리집 식탁에 프랑스 가정식

프 랑 스 요 리
프 라 이 팬   하 나 로

펴낸 날	초판 1쇄 2022년 5월 1일
지은이	에모조와
옮긴이	백현숙
펴낸이	김민경
디자인	임재경(another design)
종이	올뎃페이퍼
인쇄	도담프린팅
물류	해피데이
펴낸곳	팬앤펜(PAN n PEN) 출판사
출판등록	제307-2015-17호
주소	서울 성북구 삼양로 43 IS빌딩 201호
전화	02-6384-3141
팩스	0507-090-5303
이메일	panpenpub@gmail.com
온라인 에디터	조순진
블로그	blog.naver.com/pan-pen
인스타그램	@pan_n_pen
편집저작권	ⓒ팬앤펜, 2022

이 책은 저작권법에 따라 보호를 받는 저작물이므로 무단 전재와 복제를 금지합니다.
이 책 내용의 전부 또는 일부를 이용하려면 반드시 저작권자와 팬앤펜의 서면 동의를 받아야 합니다.
제본 및 인쇄가 잘못되었거나 파손된 책은 구입하신 곳에서 교환해드립니다.

ISBN 979-11-91739-02-2
값 19,000원

PARIS ZAIJU NO RYORININ GA OSHIERU
FRYING PAN DE DEKIRU HONKAKU FRENCH RECIPI ⓒEmojoie 2017

First published in Japan in 2017 by KADOKAWA CORPORATION, Tokyo.
Korean translation rights arranged with KADOKAWA CORPORATION, Tokyo through Korea Copyright Center Inc., Seoul.

이 책은 (주)한국저작권센터(KCC)를 통한 저작권자와의 독점계약으로 팬앤펜에서 출간되었습니다. 저작권법에 의해 한국 내에서 보호를 받는 저작물이므로 무단전재와 복제를 금합니다.

de Buyer
DEPUIS 1830

신세계 강남점 · 신세계 센텀시티점 · 신세계 경기점 · 신세계 대전점 · 신세계대구점 · 신세계 광주점
현대 판교점 · 롯데 본점 · 롯데 잠실점 · 롯데 인천터미널점 · 롯데 동탄점

드부이에 공식수입원 | 주식회사 호프인터내셔널 T.070-4160-0011